Helmut Irmen
Das Sondergericht Aachen 1941–1945

Juristische Zeitgeschichte
Abteilung 2, Band 21

Juristische Zeitgeschichte
Hrsg. von Prof. Dr. Dr. Thomas Vormbaum
(FernUniversität in Hagen, Institut für Juristische Zeitgeschichte)

Abteilung 2:
Forum Juristische Zeitgeschichte
Hrsg. von Prof. Dr. Dr. Thomas Vormbaum

Band 21

Redaktion: Anne Gipperich

De Gruyter

Helmut Irmen

Das Sondergericht Aachen 1941–1945

De Gruyter

Dr. jur. Helmut Irmen, geb. 1949. Studium der Rechtswissenschaften in Bonn und Köln. 1972 Erstes juristisches Staatsexamen. Referendarzeit im Landgerichtsbezirk Aachen. 1975 Zweite juristische Staatsprüfung. Seit 1975 als Rechtsanwalt in Merzenich b. Düren tätig. 1987 bis 1996 Kommunaler Wahlbeamter in Hessen.

ISBN 978-3-11-060184-8
e-ISBN (PDF) 978-3-11-060312-5
e-ISBN (EPUB) 978-3-11-060209-8

Library of Congress Control Number: 2018944701

Bibliografische Information der Deutschen Nationalbibliothek

Die Deutsche Nationalbibliothek verzeichnet diese Publikation in der Deutschen Nationalbibliografie; detaillierte bibliografische Daten sind im Internet über http://dnb.dnb.de abrufbar.

Druck und Bindung: CPI books GmbH, Leck

www.degruyter.com

Sondergericht Aachen, Kongreßstraße 11

Inhaltsverzeichnis

„Der Gipfel der Ungerechtigkeit ist, was unter dem Schein des Rechts begangen wird.“ (Platon, Politeia, 2.Buch, 361a)

Einleitung

Das Sondergericht Aachen wurde im Jahre 1941 – vor über 75 Jahren – eingerichtet. Es war von 1941-1945 tätig.

Sondergerichte gab es nicht nur im Dritten Reich. Sie wurden schon in der Weimarer Republik in Krisenzeiten eingerichtet, um auf politischen Terror und gemeingefährliche Verbrechen reagieren zu können, so insbesondere die gemäß Verordnung vom 9. August 1932 gebildeten Sondergerichte.[1]

Dieser Verordnung hatten sich die Nationalsozialisten im Preußischen Landtag mit einem Antrag widersetzt und kritisiert, dass die Unanfechtbarkeit der Urteile den Angeklagten in seiner Verteidigung beschränke. Ein ordentliches Rechtsverfahren sei zu bezweifeln.[2] Nach der Machtübernahme bestanden diese Zweifel nicht mehr; die Nationalsozialisten machten sich die Notverordnung zu Eigen, um

> in Zeiten politischer Hochspannung durch schnelle und nachdrückliche Ausübung der Strafgewalt darauf hinzuwirken, dass unruhige Geister gewarnt oder beseitigt werden und dass der reibungslose Gang der Staatsmaschine nicht gestört wird.[3]

Die Sondergerichtsbarkeit mit ihren ca. 11 000 Todesurteilen ist ein besonders dunkles Kapitel der Justiz im Dritten Reich.[4] Die kurz nach der Machtergreifung im gesamten Reich errichteten Sondergerichte für Strafsachen gelten als typische Ausprägung des nationalsozialistischen Unrechtssystems.

Hierzu heißt es in der Entscheidung des Bundesgerichtshofes vom 16. November 1995:[5]

---

1 RGBl. I, 1932, S. 403,404.

2 Antrag der NSDAP vom 21. Oktober 1932 – Sammlung von Drucksachen des Preußischen Landtages, 4. Wahlperiode, 1. Tagung, Drucksache Nr. 1157 Bd.1, S. 507, zitiert nach *Rüping*, Sondergerichte, S 120.

3 *Crohne*, Aufgaben der Sondergerichte, S 384.

4 *Daubach*, Sondergerichtsbarkeit, S. 5.

5 BGH 5 StR 747/95, Urteil v. 16. November 1995, HRRS-Datenbank, RN 76.

https://doi.org/10.1515/9783110603125-001

> Obwohl die Korrumpierung von Justizangehörigen durch die Machthaber des NS-Regimes offenkundig war, haben sich bei der strafrechtlichen Verfolgung erhebliche Schwierigkeiten ergeben. Die vom Volksgerichtshof gefällten Todesurteile sind ungesühnt geblieben; keiner der am Volksgerichtshof tätigen Berufsrichter und Staatsanwälte wurde wegen Rechtsbeugung verurteilt; ebenso wenig Richter der Sondergerichte und Kriegsgerichte.

Es ist heute unbestritten, dass viele Richter der Nazi-Zeit Urteile gefällt haben, die eindeutig Unrecht und viel zu hart waren. Nicht alle Juristen im Dritten Reich waren furchtbare Juristen, aber sie waren in einer furchtbaren Justiz tätig, die gesetzliche Regelungen unbegrenzt auslegte und passiv blieb gegenüber staatlichem und staatlich initiiertem Unrecht, eine Justiz, die exzessive Strafen aussprach.[6] Sie dienten einem Regime, das die Grundrechte aufgehoben und die Prinzipien des Rechtsstaates restlos beseitigt hatte.[7]

Die vorliegende Arbeit untersucht die Tätigkeit der Sondergerichte im Allgemeinen und des Sondergerichts Aachen im Besonderen. Die Sondergerichte wurden ebenso wie der Volksgerichtshof durch Art. II 4 b Gesetz Nr. 2 - Deutsche Gerichte – und mit einer Proklamation des Alliierten Kontrollrates abgeschafft.[8] Darin hieß es, dass Verurteilungen, die unter dem Hitler-Regime ungerechterweise aus politischen, rassischen und religiösen Gründen erfolgten, aufzuheben seien.

Die Arbeit gründet auf grundlegende Vorarbeiten, die wesentliche Systeme der Rechtsgeschichte der Nazi-Zeit und der Tätigkeit der Sondergerichte dargestellt und aufgezeigt haben. Der Verfasser behandelt im Detail die Gründung des Aachener Sondergerichts und hierbei wiederum, mit welchen organisatorischen, personellen und operativen Methoden das Gericht agierte. Die Arbeit enthält eine große Auswahl von Urteilen, die nach verschiedenen Kriterien und Tatbeständen gegliedert sind. Das Bild der Fälle ist differenziert, ohne repräsentativ zu sein. Es enthält auch besonders spektakuläre und abstoßende Fälle. Sämtliche Verfahren wurden dokumentiert, ohne aber alle Entscheidungen im Einzelnen darzustellen oder zu erläutern. Denn angesichts der bereits vorliegenden umfangreichen Forschungen sind völlig neue Erkenntnisse ganz allgemein zu den Sondergerichten nicht zu erwarten.[9]

---

6 *Rottleuthner*, Karrieren und Kontinuitäten, S. 8.

7 *Angermund*, Deutsche Richterschaft, S. 7.

8 Proklamation Nr. 3 vom 20. Oktober 1945.; Amtsblatt des Kontrollrats für Deutschland, Nr. 1, S. 22.

9 *Schroeder*, Sondergerichte in Sachsen, S. 102.

Schwerpunkt der Arbeit sind die Bedeutung, das Wesen, die Lenkung und die Arbeitspraxis des Sondergerichts Aachen, nicht aber rechtsdogmatische Überlegungen und Untersuchungen.

Das Wirken, die Moral und die Motivation der Richter und Staatsanwälte an den Sondergerichten vermag man als Außenstehender genauso wenig theoretisch zu erfassen, wie in der Rückschau nachzuvollziehen oder zu bewerten. Ziel der Forschung sollte daher nicht eine Verurteilung oder Rechtfertigung bestimmter Verhaltensweisen sein, sondern vielmehr der Versuch, objektiv die Entwicklung der Strafjustiz zwischen 1933 und 1945 darzustellen und zu verstehen. Dabei kann man aus heutiger Sicht und mit dem heutigen Erkenntnisstand sicherlich eines leisten: die Entwicklungen und Prozesse aufzeigen, welche die damalige Justizarbeit und deren Einbindung in den nationalsozialistischen Machtapparat – vor allem in der Kriegszeit – bedingten.[10]

In diesem Zusammenhang sind allerdings Pauschalurteile und Selbstgerechtigkeit unangebracht. Das Thema ist differenziert zu betrachten, geleitet von Habermas′ Postulat eines „klugen Differenzierens zwischen Verstehen und Verurteilen.“ [11] Die Justiz befand sich gegenüber dem Nationalsozialismus sicher nicht in einer leidenden Opferrolle.[12] Sie hat vielmehr auch zur Radikalisierung des Systems beigetragen.[13] Die Juristen gehörten „zu den willfährigsten Dienern und Stützen des NS-Regimes, betrieben massenhaft Unrechtspflege aus Schwäche und Überzeugung“.[14]

Der Verfasser will anhand möglichst vieler aussagekräftiger Urteile und Fallbeispielen den rechtsgeschichtlichen Zeitgeist der am Sondergericht Aachen Tätigen und deren weitere Karrieren nach Mai 1945 darstellen. Diese Darstellung ist nicht einfach. Denn sie muss die Komplexität und Widersprüchlichkeit des Rechtslebens dieser Zeit erfassen.[15]

---

10 *Bremer*, Rechtsprechungspraxis des Sondergerichts Köln, S. 74.

11 Zitiert nach *Bozyakali*, Das Sondergericht am Hanseatischen Oberlandesgericht, S. 24.

12 So *Schorn*, Richter im Dritten Reich, Frankfurt am Main, 1959; vgl. *Boberach*, Justiz und Nationalsozialismus im Rheinland, S. 211.

13 *Ingo Müller*, Furchtbare Juristen, München,1987; Haferkamp, Justiz im Krieg, Vorwort, S. VII.

14 *Boberach*, Beiträge zur rheinischen Landesgeschichte, S 160.

15 *Birmanns*, Aachener Justiz, S.209.

1. Kapitel: Forschungsstand

I. Literaturbericht

1. Schrifttum zur Rechtsprechung der Sondergerichte

Die Forschung zum Thema „Justiz und Sondergerichte im Dritten Reich“ hat insbesondere in den 1990er Jahren zahlreiche fundierte Untersuchungen hervorgebracht.[1] Vorher blieb das Thema Apologeten überlassen oder wurde „totgeschwiegen“[2], was allerdings auch auf die damals noch schwierige Archivlage zurückzuführen ist. So lagerten die Akten oftmals viele Jahre ungeordnet in Kartons in den Kellern und auf den Dachböden der Landgerichte oder waren schlicht und einfach nicht zugänglich.

2. Schrifttum zum Sondergericht Aachen und zum Landgerichtsbezirk

Es gibt bis heute keine umfassende Darstellung des Wirkens und keine durchgehende Analyse der Urteilspraxis des Sondergerichts Aachen wie auch ansonsten die Strafrechtspflege zur NS-Zeit im Landgerichtsbezirk Aachen noch nicht abschließend wissenschaftlich untersucht worden ist.[3]

Einzig Birmanns, der frühere Aachener Amtsgerichtsdirektor, der hauptsächlich die Aachener Justiz im Nationalsozialismus und nur rudimentär und auf Grund exemplarischer Fälle das Sondergericht Aachen beschreibt, gibt eine kurze Übersicht, insbesondere zu neun Todesurteilen.[4] Er kommt zu dem Ergebnis, dass auch die Aachener Justiz mit in „Gesetzesform gegossenem Unrecht“ agieren musste: „Dem beugten sich angepasste Richter, Staatsanwäl-

---

1 Vgl. die Literaturübersicht bei *Dörner*, Justizterror, S. 8-10 und *Bremer*, Die Rechtsspechungspraxis des Sondergerichts Köln, S. 76-78; *Rüping*, Sondergerichte, S. 116 f.; *Bozyakali*, Das Sondergericht am Hanseatischen Oberlandesgericht, S. 21 ff.; *Vormbaum*, Strafjustiz, S. 1 ff, 6 ff.; aktuell *Vurgun*, Staatsanwaltschaft, S. 7.

2 *Vormbaum*, Strafjustiz, S. 1.

3 *Rouben Habl* schreibt derzeit eine Dissertation – Universität Bonn, Prof. Dr. Schmöckel – zum Thema Sondergericht Aachen.

4 *Birmanns*, Aachener Justiz, S. 246 ff.

https://doi.org/10.1515/9783110603125-002

te, Rechtsanwälte und Notare in einer angepassten Gesellschaft auch im Landgerichtsbezirk Aachen".[5]

Vurgun hat ganz aktuell eine Doktorarbeit zum Thema „Die Staatsanwaltschaft beim Sondergericht Aachen" vorgelegt.[6] Sie beschreibt dezidiert das Wirken, die Motivation, die Moral und die politische Ausrichtung der am Sondergericht Aachen tätigen Staatsanwälte.

Auch in Aachen stabilisierte die Justiz das NS-Regime,[7] wenn auch regionaltypische Besonderheiten beobachtet wurden, die der Kölner Oberlandesgerichtspräsident Alexander Bergmann im Jahre 1936 in einem Lagebericht an den Reichsjustizminister wie folgt beschrieb:

> Auf dem Boden rheinischer Mentalität fasste der Nationalsozialismus nur schwer Wurzeln. Der Hang des Rheinländers zur Bequemlichkeit und zum sich gehen lassen stand dem braunen Zwang entgegen. Der typische Rheinländer blieb in vielen Situationen ein Individualist, der es verstand, sich mit Ironie und Witz und scheinbarer Vergesslichkeit gegen allzu viel Zwang aus den „ost-rheinischen Steppengebieten" zu wehren.[8]

II. Aktenlage

Im Nordrhein-Westfälischen Landesarchiv, Abteilung Rheinland, Duisburg – ehemals Nordrehin Westfälisches HauptstaatsarchivDüsseldorf – und im Bundesarchiv Berlin-Lichterfelde befinden sich insgesamt 680 überlieferte Einzelverfahren des Sondergerichts Aachen.[9] Die Zahl der Akten ist bis auf Lücken im Akteninhalt vollständig. Gezielte Aktenvernichtungen sind nicht bekannt, soll es aber gegeben haben.[10] Die Überlieferungslage ist nach allem gut.

Manche Prozessakten sind annähernd vollständig. Zum Teil sind nur die Urteile oder Auszüge aus der Akte vorhanden. Dem damaligen Registrierungsverfahren entsprechend, das einheitlich für das gesamte Reichsgebiet galt, wurden die Verfahren nach der Klassifizierung im Vergehen mit den Aktenzeichen S (Sondergericht) bzw. Ms und Verbrechen mit den Aktenzeichen S bzw. Ls

---

5 *Birmanns*, Aachener Justiz. S. 262.

6 *Vurgun*, Die Staatsanwaltschaft beim Sondergericht Aachen, Jur. Diss. Universität Salzburg, 2014.

7 Aachener Zeitung vom 9. Januar 2014 zu dem Forschungsbericht des Kuratoriums „Kölner Justiz in der NS-Zeit."

8 LAV NRW, R, Rep. 255/172.

9 LAV NRW, R, Rep. 113/174; *Vurgun*, Staatsanwaltschaft, S. 11.

10 LAV NRW, R, Rep. 449/28, S. 158, 211b.

eingeteilt. Darauf folgen die laufende Registraturnummer sowie der jeweilige Jahrgang der Aktenanlage. Die vollständige Akte des sondergerichtlichen Verfahrens enthält regelmäßig folgende Schriftstücke:

1. Hauptakte

Sie beinhaltet zunächst schriftliche Unterlagen der örtlichen Ermittlungsbehörde (Kriminalpolizei, Gestapo, Hauptpolizeibehörde) wie beispielsweise Anzeige, Vernehmungsprotokolle, Ermittlungsergebnisse, Personenbögen sowie die staatsanwaltschaftlichen oder richterlichen Anordnungen. Weiterhin enthält die Hauptakte schriftliche Unterlagen der Justizverwaltung. Es handelt sich dabei um Zustellungsurkunden, Strafregisterauszüge, Kostenabrechnungen und ähnliches. Hinzu kommen die Unterlagen des gerichtlichen Verfahrens wie Strafanträge, Anklageschrift, etwaige Weisungen des Reichsjustizministeriums, Hauptverhandlungsprotokoll sowie Urteil mit Entscheidungsgründen.[11]

2. Handakte der Staatsanwaltschaft

In der Handakte der Staatsanwaltschaft sind regelmäßig Gerichtsverwaltungsschriftstücke enthalten, weiterhin die Anklageschrift und schließlich die Berichte an die Generalstaatsanwaltschaft über laufende Verfahren.

3. Vollstreckungs- und Gnadenheft

Das Vollstreckungs- und Gnadenheft enthält sämtliche mit der Strafvollstreckung in Zusammenhang stehenden Schriftstücke, darüber hinaus Schriftverkehr betreffend Rechtsmitteleinlegung und Gnadengesuchen.[12]

Diverse Akten des Sondergerichts Aachen weisen die Besonderheit auf, dass sie nach Ende des Krieges fortgeschrieben und als Kls-Sache bei der Strafkammer des Landgerichts Aachen weitergeführt, neu bewertet bzw. abgeschlossen worden sind.

Wichtige Erkenntnisse lieferten nicht zuletzt die General- und Sammelakten sowie die Personal- und Entnazifizierungsakten, die zum Teil eingesehen wurden und Aufschluss über den beruflichen Werdegang und die dienstlichen Beurteilungen der Richter geben.

Die im Archivgesetz Nordrhein-Westfalen vorgegebenen Schutzfristen bei der Nennung von Namen sind beachtet worden.

---

11 Vgl. *Bremer*, Die Rechtsprechungspraxis des Sondergerichts Köln, S. 90.

12 Ebenda, S. 90,91.

2. Kapitel:
Die Sondergerichte im nationalsozialistischen Deutschland

I. Die Rechtsordnung im NS-Staat

Die Juristen des Dritten Reiches dienten einem Regime, das die Grundrechte aufgehoben und die Prinzipien des Rechtsstaates restlos beseitigt hatte.[1] Sie wurden mit Gesetzen konfrontiert, die staatliches Unrecht förderten und auch forderten. Konsequent und zielgerichtet hat das Regime die Justiz in sein Herrschaftssystem eingebunden und für seine rassistischen und menschenverachtenden Ziele eingesetzt.

Die Richter des Dritten Reiches sollten „Träger der völkischen Selbsterhaltung" und „Gehilfe der Staatsführung" sein.[2] Die Bindung des Richters an das Gesetz wurde durch die Bindung an den Willen der politischen Führung abgelöst.[3] Es galt der Primat der politischen Führung.[4]

Der Oberste Gerichtshof für die Britische Zone stellte insofern fest:

> Wenn auch viele deutsche Richter dem während des Krieges von den nationalsozialistischen Machthabern ausgeübten Druck widerstanden und ihre Entscheidungen nach ihrer vom Gesetz und ihrem Gewissen gelenkten Überzeugung trafen, so gehört es doch zu den offenkundigen Erfahrungstatsachen, dass zahlreiche Gerichte, vor allem der Volksgerichtshof und viele Sondergerichte, das Strafrecht in einer Weise handhabten, die dazu führte, dass das Recht, statt begangenes Unrecht zu sühnen, mehr und mehr zum Mittel der terroristischen Unterdrückung und Ausmerzung ganzer Bevölkerungsgruppen wurde. Teils wurden Handlungen, die nach allgemeiner Auffassung der gesamten Kulturmenschheit überhaupt nicht strafbar waren, mit Strafe belegt, teils wurden wegen eines an sich strafwürdigen Verhaltens Strafen ausgesprochen, die in keinem menschlich erträglichen Verhältnis zu dem veranlassenden Vorgang mehr standen.[5]

Und an anderer Stelle heißt es:

> In nationalsozialistischer Zeit galt als oberster Grundsatz für die Gestaltung und Anwendung des Rechts, namentlich des Strafrechts, die These, Recht sei, was dem deutschen Volke nütze, wobei das Volkswohl völkisch-rassisch, parteipoli-

---

1 *Angermund*, Deutsche Richterschaft, Einl. S. 7.

2 *Boberach*, Richterbriefe, Nr.1, Seite 5 ff.

3 *Werle*, Justiz-Strafrecht, S. 692.

4 Ebenda, S. 690.

5 StS 39/49, OGHSt 2, S. 23 ff., 43.

https://doi.org/10.1515/9783110603125-003

> tisch und imperialistisch-militaristisch verstanden wurde. Machtschutz durch Abschreckung galt als oberster Strafzweck. In diesem Sinne betrieben Partei und Staat eine Lenkung der Strafrechtspflege, die sich vor allem auf eine harte Strafzumessung auswirken sollte immer dann, wenn die machtpolitischen Interessen des nationalsozialistischen Staates dies verlangten.[6]

Bereits zu Beginn des Dritten Reiches war die Mehrzahl der Juristen bereit mitzumachen. Anlässlich des Deutschen Juristentages am 30. September 1933 in Leipzig leisteten die dort zahlreich versammelten Juristen mit erhobenem rechten Arm den Schwur auf Adolf Hitler:

> Wir schwören beim ewigen Herrgott, wir schwören bei dem Geiste unserer Toten, wir schwören bei all denen, die das Opfer einer volksfremden Justiz einmal geworden sind, wir schwören bei der Seele des Deutschen Volkes, dass wir unserem Führer auf seinem Wege als deutsche Juristen folgen wollen bis zum Ende unserer Tage.[7]

Zuvor hatten bereits der deutsche Richterbund am 19. März 1933, der deutsche Anwaltsverein am 26. März 1933 und der deutsche Notarverein am 20. März 1933 Ergebenheitserklärungen für Hitler abgegeben.[8]

Auch viele Hochschullehrer hatten sich mit dem Recht des Dritten Reiches identifiziert. Hier nur einige Stimmen aus der Wissenschaft:

> Die Freiheitsrechte des Individuums gegenüber der Staatsgewalt mussten verschwinden: Sie sind mit dem Prinzip des völkischen Rechtes nicht vereinbar.[9]

> Wer außerhalb der Volksgemeinschaft steht, steht auch nicht im Recht.... [10]

> Der gesamte Plan des Führers ist oberstes Rechtsgebot.[11]

> Rechtsgenosse ist nur, wer Volksgenosse ist; Volksgenosse ist, wer deutschen Blutes ist.[12]

Es wurden „rassehygienische Maßnahmen zur Ausrottung krimineller Stämme und die Ausmerzung volks- und rasseschädlicher Teile der Bevölkerung“ gefordert.[13]

---

6 StS 111/48; OGHSt 1, S. 217, 218 ff.

7 DRiZ 1933, S. 122.

8 DRiZ 1933, S. 122; AnwBl. 1933, S. 89; ZDNotV 1933, S. 202.

9 *Huber, Ernst*, zitiert nach Katalog 2002, S. 9.

10 *Larenz, Karl*, zitiert nach Katalog 2002, S. 9.

11 *Maunz, Theodor*, DR 1935, S. 219.

12 Larenz, zitiert nach *Schumann*, Kontinuitäten und Zäsuren, S. 51.

13 *Mezger, Edmund*, Kriminalpolitik, S. 26.

Große Teile der Rechtswissenschaft waren nach allem zutiefst in das nationalsozialistische Unrechtssystem verstrickt. Sie war in letzter Konsequenz Vollzugsorgan des totalen Staates.[14] Das Recht war partiell abgeschafft, untergraben und pervertiert.[15]

II. Die Errichtung der Sondergerichte der NS-Justiz im Jahre 1933

1. Vorbemerkung

Die Errichtung von Sondergerichten war keine nationalsozialistische Erfindung. Sondergerichte, die vorrangig der Aburteilung politischer Straftaten dienten, hatte es bereits zu Beginn der Weimarer Republik gegeben, ebenso in deren Spätphase[16]. Mit der Sondergerichtsverordnung vom 21. März 1933 griff die Reichsregierung auf die *Dritte Verordnung zur Sicherung von Wirtschaft und Finanzen und zur Bekämpfung politischer Ausschreitungen* vom 6. Oktober 1931[17] zurück, die auf Grundlage des Art. 48 der Weimarer Verfassung vom Reichspräsidenten Hindenburg erlassen worden war. Nach dieser Verordnung kam es unter der Regierung Papen im August 1932 zur Bildung einiger Sondergerichte, die jedoch von der Regierung Schleicher bereits im Dezember des gleichen Jahres wieder aufgelöst wurden.[18]

Zunächst wollten die nationalsozialistischen Machthaber mit den Sondergerichten ein Instrument schaffen, mit welchem sie ihre politischen Gegner schnell und zuverlässig ausschalten konnten. So äußerte sich 1933 Ministerialdirektor Crohne im Reichsjustizministerium über den Zweck der Sondergerichte:

> Im Frieden sind die Sondergerichte dazu berufen, in Zeiten politischer Hochspannung durch schnelle und nachdrückliche Ausübung der Strafgewalt darauf hinzuwirken, dass unruhige Geister gewarnt oder beseitigt werden und dass der reibungslose Gang der Staatsmaschine nicht gestört wird.[19]

Und weiter führt Crohne aus:

---

14 *Johe*, Justiz, S. 10.

15 *Broszat*, Staat Hitlers, S. 404.

16 *Blumberg*-Ebel, Sondergerichtsbarkeit, S. 31.

17 RGBl. I 1931, S. 537.

18 Vgl. oben Einleitung.

19 *Crohne*, Aufgaben der Sondergerichte, S. 384.

> In Kriegs- und Notzeiten wird Milde zur Schwäche und der rücksichtslose Rechtsbrecher triumphiert über den Staat, der seine strafrechtlichen Waffen durch seine Waffenträger, die Richter, nicht zu gebrauchen versteht. Eine glatte Auflehnung gegen das Gesetz bedeutet es, wenn der Richter dem nicht bei der Strafzumessung Rechnung trüge. Gewiss heißt es bei der Tatsachenfeststellung auch fürderhin: in dubio pro reo. Bei der Rechtsanwendung steht aber vor diesem Satz der Gedanke des Schutzes von Volk und Staat gegen den Rechtsbrecher.[20]

Formell aufgehoben wurden die Sondergerichte erst durch die Kontrollratsproklamation der Alliierten Nr. 3 vom 20. Oktober 1945.[21]

2. Sachliche Zuständigkeit

Auf der Grundlage der Verordnung der Reichsregierung über die Bildung von Sondergerichten vom 21. März 1933[22] wurden in jedem OLG-Bezirk zur Sicherung und Stabilisierung der nationalsozialistischen Herrschaft Sondergerichte eingerichtet. Mit dieser Sondergerichtsverordnung war, nach der faktischen Installierung des Ausnahmezustandes über die Reichstagsbrandverordnung,[23] ein weiterer Schritt zur Beseitigung des Rechtsstaates vollzogen.

Am 24. März 1933 erließ der Reichstag das *Ermächtigungsgesetz,*[24] welches Hitler endgültig den Weg frei machte.

Die Sondergerichte sollten in jedem der 26 Oberlandesgerichtsbezirke des Reiches errichtet werden. Für den Landgerichtsbezirk Aachen war zunächst das Sondergericht bei dem Landgericht Köln zuständig.

Zunächst erstreckte sich die sachliche Zuständigkeit der Sondergerichte gem. § 2 der vorgenannten Verordnung vom 21. März 1933 auf Verbrechen und Vergehen der sogenannten Reichstagsbrandverordnung[25] vom 28. Februar 1933 und der Heimtückeverordnung[26] vom 21. März 1933.

Am 4. April 1933 folgte das „Gesetz zu Abwehr politischer Gewalttaten“.[27] Dieses drohte für Verbrechen nach dem Sprengstoffgesetz, Brandstiftungsde-

---

20 Ebenda, S. 385.

21 Vgl. Amtsblatt des Kontrollrats in Deutschland, 1945, S. 22.

22 RGBl.I. 1933 I. S. 136.

23 Verordnung des Reichspräsidenten zum Schutze von Volk und Staat vom 28. Februar 1933, RGBl. 1933 I, S. 83.

24 Gesetz zur Behebung der Not von Volk und Reich, RGBl, 1933 I. S. 141.

25 RGBl.I. 1933 I, S. 83.

26 RGBl.I. 1933 I, S. 135.

27 RGBl.I. 1933 I. S. 162.

likte nach §§ 306 ff. RStGB und weitere gemeingefährliche Delikte gem. §§ 229, 312, 324 RStGB Strafen wie lebenslanges Zuchthaus oder sogar die Todesstrafe an.

Am 12. Juni 1933 wurde das Volksverratgesetz[28] erlassen, das die Nichtanzeige von Vermögen im Ausland unter Strafe stellte.

Danach wurde die Sondergerichtsbarkeit zuständig für Verstöße gegen das „Gesetz gegen die Neubildung von Parteien"[29] vom 14. Juli 1933 und das „Gesetz zur Gewährleistung des Rechtsfriedens"[30] vom 13. Oktober 1933.

An die Stelle der Heimtückeverordnung trat am 20. Dezember 1934 das Heimtückegesetz.[31]

In der Folgezeit wurde die Zuständigkeit der Sondergerichte erheblich und kontinuierlich erweitert. Sondergerichte wurden zuständig für die Verfahren gem. § 134 a und b StGB[32]. Durch diese Bestimmungen sollten die NSDAP und ihre Zeichen sowie das Reich und seine Länder und Symbole vor öffentlicher Beschimpfung und böswilliger Verächtlichmachung geschützt werden.

Am 20. November 1938 wurde die sachliche Zuständigkeit der Sondergerichte auf alle Verbrechen und am 1. September 1939 auch auf sämtliche Vergehen ausgedehnt.[33]

Eine nahezu unbegrenzte Ausweitung der Sondergerichtsbarkeit erfolgte mit Kriegsbeginn. Am 17. August 1938 war die Kriegssonderstrafrechtsverordnung (KSSVO) beschlossen worden; diese wurde aber erst am 26. August 1939 im Reichsgesetzblatt veröffentlicht.[34] Sie stellte nicht nur Wehrdienstentziehung, Verleitung zur Fahnenflucht und Selbstverstümmelung unter Strafe, sondern führte auch den Straftatbestand der Wehrkraftzersetzung ein.

Als weitere politische Strafbestimmung ist die Rundfunkverordnung vom 1. September 1939 anzuführen, mit der das Abhören ausländischer Sender und die Verbreitung von Nachrichten unter Stafe gestellt wurde.[35]

---

28 RGBl.I. 1933, S. 360.

29 RGBl.I. 1933, S. 479.

30 RGBl.I. 1933, S. 723.

31 RGBl I. 1934, S. 1269.

32 RGBl.I. 1935, S. 1179.

33 RGBl.I. 1938, S. 1362.

34 RGBl.I. 1939, S. 1455.

35 RGBl.I. 1939, S. 1683.

Den nachfolgend erlassenen Verordnungen des Kriegssonderstrafrechts ist nur insofern eine politische Qualität zuzusprechen, wie sie dem Funktionieren der Kriegsmaschinerie dienten und Störungen der Heimatfront sanktionieren sollten. Hierzu gehörte in erster Linie die Kriegswirtschaftsverordnung[36] vom 4. September 1939, nach der sogenannte Schwarzschlachtungen, Betrug mit Lebensmittelkarten- und Bezugsscheinen, Trickbetrügereien, Horten von Lebensmitteln und Rohstoffen sowie ähnliche Delikte zu bestrafen waren.

Am 5. September 1939 wurde die Verordnung gegen Volksschädlinge erlassen. Sie drohte nicht nur die Todesstrafe durch Erhängen bei Plünderung im freigemachten Gebiet an. Generell konnte nun bei allen Straftaten, so auch bei Eigentumsdelikten, die Strafe verschärft oder sogar auf Todesstrafe erkannt werden, wenn die Tat unter Ausnutzung des Kriegszustandes begangen wurde oder dies das gesunde Volksempfinden wegen der besonderen Verwerflichkeit der Straftat erforderte.[37]

Zwingend vorgeschrieben war der Ausspruch der Todesstrafe nach der Verordnung gegen Gewaltverbrecher vom 5. Dezember 1939:

> Wer bei einer Notzucht, einem Straßenraub, Tankraub oder einer anderen schweren Gewalttat Schuss-, Hieb- oder Stoßwaffen oder andere gleichgefährliche Mittel anwendet oder mit einer solchen Waffe einen anderen an Leib und Leben bedroht, wird mit dem Tode bestraft.[38]

Bereits am 4. Oktober 1939 war die Verordnung zum „Schutz gegen jugendliche Schwerverbrecher" ergangen, nach der selbst 16-jährige nach Erwachsenenstrafrecht auch zum Tode verurteilt werden konnten,

> wenn die bei der Tat gezeigte, besonders verwerfliche verbrecherische Gesinnung oder der Schutz des Volkes eine solche Bestrafung erforderlich macht.[39]

Das Gesetz zur Änderung des Reichsstrafgesetzbuches vom 4. September 1941 sah im § 1 vor:

> Der gefährliche Gewohnheitsverbrecher und der Sittlichkeitsverbrecher verfallen der Todesstrafe, wenn der Schutz der Volksgemeinschaft oder das Bedürfnis nach gerechter Sühne es erfordern.[40]

Am 4. Dezember 1941 erging die sogenannte Polenstrafrechtsverordnung.[41] Diese Verordnung sah für Polen die Todesstrafe vor bei „deutschfeindlichen

---

36 RGBl.I. 1939, S. 1609.

37 RGBl.I. 1939, S. 1679.

38 RGBl.I. 1939, S. 2378.

39 RGBl.I. 1939, S. 2000.

40 RGBl.I. 1941, S. 549.

Äußerungen“ bzw. „wenn die Tat von besonders niedriger Gesinnung zeugt oder aus anderen Gründen besonders schwer ist“.

In Folge dieser Entwicklung wurde die ordentliche Gerichtsbarkeit zunehmend durch die Sondergerichtsbarkeit ersetzt oder zumindest zurückgedrängt. Der ständig wachsenden Zahl der Sondergerichtsverfahren wurde mit der Errichtung weiterer Sondergerichte begegnet. Ab der Vereinfachungsverordnung vom 1. September 1939 erlaubte das Regime die Bildung zusätzlicher Gerichte.[42]

Im Übrigen bestimmte § 5 der Sondergerichtsverordnung, dass sie auch für Straftaten gilt, die vor ihrem Inkrafttreten begangen wurden. Damit verstieß sie grundlegend gegen das jeden Rechtsstaat auszeichnende Rückwirkungsverbot („nullum crime sine lege“).

3. Örtliche Zuständigkeit

Örtlich zuständig war entweder das Sondergericht, in dessen Bezirk die strafbare Handlung begangen worden war oder das Sondergericht, in dessen Bezirk der Angeschuldigte zur Zeit der Erhebung der Anklage seinen Wohnsitz hatte. Unter einem Bezirk war in diesem Zusammenhang ein Oberlandesgerichtsbezirk zu verstehen (§ 6 Sondergerichtsverordnung in Verb. mit §§ 7,8, StPO). Eine weitere Zuständigkeit konnte durch Ort, an dem der Beschuldigte ergriffen wurde, oder durch den Ort der Haft begründet werden(§ 7 Sondergerichtsverordnung).

§ 12 StPO regelte den Fall der Zuständigkeit von mehreren Sondergerichten, wonach jenes Sondergericht Vorrang hatte, welches die Untersuchung zuerst eröffnet hatte. In allen untersuchten Akten ergab sich die örtliche Zuständigkeit des Sondergerichts entweder durch den Wohnsitz oder den Tatort. Eine Zuständigkeit von mehreren Sondergerichten kam nicht vor.

4. Prozess- und Verfahrensordnung

Nach der Sondergerichtsverordnung vom 21. März 1933[43]galt für die Sondergerichte die normale Strafprozessordnung nur eingeschränkt.

Das Verfahren der Sondergerichte war summarisch, auf eine drastische Beschneidung der Rechte des Angeklagten und Stärkung der Position des Staats-

41 RGBl.I. 1941, S. 759.

42 RGBl.I. 1939, S. 1658.

43 RGBl.I. 1933, S. 136.

anwalts abgestellt. So waren eine gerichtliche Voruntersuchung wie auch ein förmlicher Beschluss über die Eröffnung des Hauptverfahrens nicht vorgesehen. Nach Eingang der Anklageschrift prüfte der Sondergerichtsvorsitzende lediglich, ob die formale Sondergerichtszuständigkeit bestand; die Ladungsfrist betrug 3 Tage, konnte jedoch auf 24 Stunden herabgesetzt werden.

Im Gegensatz zum Volksgerichtshof waren die Sondergerichte ausschließlich mit Berufsrichtern besetzt. Als Vorsitzende und Stellvertreter des richterlichen Dreierkollegiums waren nach Möglichkeit Landgerichtsdirektoren zu bestellen.[44]

Nach der Vereinfachungsverordnung[45] vom 13. August 1942 konnte unter dem Vorbehalt der staatsanwaltschaftlichen Zustimmung die Entscheidung auch durch den Einzelrichter gefällt werden.

In der Sondergerichtsverordnung vom 21. März 1933 war gem. § 10 noch eine Pflichtverteidigung vorgesehen. Nach Kriegsbeginn wurde die Bestellung eines Verteidigers durch die Vereinfachungsverordnung vom 1. September 1939 weitgehend eingeschränkt und mit der Zuständigkeitsverordnung vom 21. Februar 1940 nach § 32 auf Fälle der notwendigen Verteidigung beschränkt. Als Fälle der Notwendigkeit galten u. a. Strafsachen, bei denen die Verhängung von Todesstrafen oder lebenslangen Zuchthaus drohte. Angesichts der Kürze der Ladungsfrist und der Bestellung erst bei Anordnung der Hauptverhandlung blieben dem Verteidiger allerdings nur sehr geringe Verteidigungsmöglichkeiten. Nach der Vereinfachungsverordnung zur weiteren Anpassung der Strafrechtspflege an die Erfordernisse des totalen Krieges vom 15. Dezember 1944 wurde die Offizialverteidigung schließlich völlig in das Ermessen des Gerichts gelegt.[46]

Es gab keine richterliche Voruntersuchung; es entfiel auch die mündliche Verhandlung über einen Haftbefehl (§ 9 Abs. 1 der Sondergerichtsverordnung). Der Vorsitzende des Sondergerichts entschied ohne Anhörung nach Aktenlage. Eine Beschwerde gegen den Haftbefehl des Sondergerichts war nicht zulässig.

Die Beweiserhebung lag ganz im Ermessen des Gerichts. Die Sondergerichtsverordnung bestimmte in § 13:

---

44 Ausführungsverordnung des RJM vom 9. Dezember 1935; DJ 1935, S. 1811 ff.

45 RGBl.I. 1942, S. 508.

46 § 12 der Vereinfachungsverordnung, RGBl.I. 1944, S. 339.

> Das Sondergericht kann eine Beweiserhebung ablehnen, wenn es die Überzeugung gewonnen hat, dass die Beweiserhebung für die Aufklärung der Sache nicht erforderlich ist.

Das Reichsjustizministerium stellte hierzu fest:

> Das Verfahren wird vereinfacht und beschleunigt, auf daß wirklich der Tat die Strafe auf dem Fuße folgt. Die Strafen werden verschärft und sofort rücksichtslos verfolgt.[47]

Nach § 16 der Verordnung war die Einlegung von Rechtsmitteln nicht vorgesehen. Das Urteil war somit sofort rechtskräftig und vollstreckbar. Zwar wurde eine Wiederaufnahme des Verfahrens zugelassen, wenn Umstände vorlagen, die es notwendig erscheinen ließen, die Sache im ordentlichen Verfahren nachzuprüfen. Die Möglichkeit des Wiederaufnahmeantrags, über den eine Strafkammer am Sitz des Sondergerichts zu entscheiden hatte, erwies sich in der Praxis jedoch als irrelevant. Auch der mit Gesetz vom 16. September 1939 eingeführte „außerordentliche Einspruch" erlangte, da nur 19mal erhoben, in quantitativer Hinsicht keinerlei Bedeutung.[48]

Wichtiges Mittel der Urteilskorrektur auch von Sondergerichtsentscheidungen wurde die mit der Zuständigkeitsverordnung vom 21. Februar 1940 eingeführte „Nichtigkeitsbeschwerde" des Oberreichsanwalts. Gem. § 34 dieser Verordnung konnte der Oberreichsanwalt innerhalb eines Jahres beim Reichsgericht in Leipzig Beschwerde gegen einen Gerichtsentscheid einlegen,

> wenn das Urteil wegen eines Fehlers bei der Anwendung des Rechts auf die festgestellten Tatsachen ungerecht ist.[49]

5. Lenkung der Sondergerichtsbarkeit

Auf vielfältige Art und Weise wurden die Richter im Dritten Reich und vor allem die Richter an den Sondergerichten beeinflusst, unter Druck gesetzt, gesteuert und gelenkt. Zwar war auch in dieser Zeit gemäß § 1 GVG die richterliche Unabhängigkeit gesetzlich garantiert. Richterliche Unabhängigkeit sollte es aber nur in der Verbundenheit mit der Staatsführung geben; die Richter des Dritten Reiches sollten den Führerwillen vollstrecken.[50]

---

47 *Broszat*, Perversion der Strafjustiz, S. 390 ff.; *Crohne*, Aufgaben der Sondergerichte, S. 384.

48 *Kaul*, Reichsgericht, S. 184 ff.

49 RGBl I. 1940, S. 405.

50 *Werle*, Justiz-Strafrecht, S. 20 f.

> Die Bindung des Richters an die politische Grundanschauung des Reiches, dessen Richter er ist, bedeutet also keinen Angriff auf die Richterstellung, sondern baut die Grundlage für das Wachsen eines gesunden Richtertums[51].

Bereits mit dem Gesetz zur Wiederherstellung des Berufsbeamtentums (BBG) vom 7. April 1933[52] wurde die persönliche Unabhängigkeit des Richters außer Kraft gesetzt. Nicht nur jüdische, kommunistische und sozialdemokratische Richter wurden aus der Justiz entfernt. Nach § 4 BBG konnten Beamte, die nach ihrer bisherigen politischen Tätigkeit nicht die Gewähr boten, dass sie rückhaltslos für den nationalen Staat eintreten, aus dem Dienst entlassen werden. Das Beamtengesetz vom 27. Januar 1937[53]sah ganz allgemein die Versetzung eines Beamten in den Ruhestand vor, wenn er nicht mehr die Gewähr jederzeitigen Eintretens für den nationalsozialistischen Staat bot (§ 71). Wenn dieses Gesetz in § 171 erklärte, die Versetzung eines Richters in den Ruhestand dürfe „nicht auf den sachlichen Inhalt einer in Ausübung der richterlichen Tätigkeit getroffenen Entscheidung gestützt werden", so war das „eine verlogene Geste" nach außen.[54] Ab Mitte des Jahres 1938 fiel im Übrigen auch diese Einschränkung fort, und ein Richter konnte auf Grund seiner Rechtsprechung entlassen werden.[55]

Die Richter und Staatsanwälte wurden immer wieder auf Härte eingeschworen. Vom Reichsjustizminister wurden sie wenige Tage nach Kriegsbeginn gleichsam zu Soldaten der inneren Front erklärt. In seiner Rundverfügung zur Volksschädlingsverordnung führte er aus:

> Vorbild der Pflichterfüllung ist für jeden Deutschen heute mehr denn je der deutsche Soldat. Wer statt ihm nachzuleben, sich am Volk versündigt, hat keinen Platz mehr in unserer Gesellschaft .... Von allen Richtern und Staatsanwälten erwarte ich, dass sie die Verordnung mit derselben rücksichtslosen, schnellen, scharf zupackenden Entschlossenheit und Tatkraft anwenden, mit der sie erlassen wurde. Nichtanwendung äußerster Strenge gegenüber solchen Schädlingen wäre Verrat am kämpfenden deutschen Volk....[56]

---

51 *Freisler, Roland,* Nationalsozialistisches Recht und Rechtsdenken, 1938.

52 RGBl I. 1933, S. 175.

53 RGBl I, 1937, S. 301.

54 *Schmidt*, Einführung in die Geschichte, S. 356.

55 Rundschreiben des Chefs der Reichskanzlei, Lammers, der Hitlers Anweisung bekanntgab, dass auch eine gerichtliche Entscheidung zur Entlassung eines Richters führen könne, zit. nach *Blumberg-Ebel*, Sondergerichtsbarkeit, S. 41; vgl.auch *Vurgun*, Staatsanwaltschaft, S. 121.

56 Zitiert nach *Paulus*, Sondergericht Bayreuth, S. 487.

Dokumentiert wurde die Beseitigung der richterlichen Unabhängigkeit durch die Rede Hitlers vom 26. April 1942 vor dem Reichstag. Er nahm für sich das Recht in Anspruch, jeden Richter aus dem Amt zu entfernen oder zu maßregeln, der sich nicht im Sinne dessen als gefügig erwies, was Hitler von der Justiz erwartete.[57]

Landgerichtspräsident Hermanns weist in seinem Lagebericht vom 27. Juni 1942 auf die verheerende Wirkung der Rede auf die Justiz in Aachen hin:

> In die Berichtszeit fällt die Kritik höchster Stelle an der Rechtsprechung. Zunächst war fast allgemein bei den Richtern und auch bei den Staatsanwälten eine tiefe Niedergeschlagenheit festzustellen. Der betont starke Beifall, den der Reichstag gerade diesen Worten des Führers spendete, ist aufgefallen und gibt in den Augen der meisten Richter der Sache eine besondere Note. Nach Ansicht vieler Richter war mancher sich des Sinnes der Rede in diesem Punkte nicht bewusst und sprach aus dem Beifall eine grundsätzliche Abneigung gegen die Justiz, wie wir sie seit Jahr und Tag in erster Linie bei Stellen der Partei beobachten können. Nicht zumindestens hat das Verhalten mancher Staats- und Parteistellen in Rechtsangelegenheiten dazu beigetragen, das Vertrauen zwar nicht in den guten Willen der Justiz, wohl aber ihrer Wirkungsmöglichkeit zu untergraben. Ich habe nun einige Tage nach der Reichstagssitzung die Strafrichter zusammengerufen und ihnen in Anlehnung an die Mitteilung, die uns einige Wochen vorher auf der Tagung der Landgerichtspräsidenten gemacht wurden, den eigentlichen Sinn der betreffenden Stelle der Rede erklärt. Es wurde die Befürchtung laut, dass die Richter nunmehr bestimmte Weisungen entgegenzunehmen hätten, also in ihrem Urteil nicht mehr frei wären. Dem gegenüber habe ich betont, dass der Richter nach wie vor Richter sei, von seiner Verantwortung für den Spruch nicht entbunden werden könne und gerecht, das heißt seinem Gewissen gemäß zu urteilen habe. Es könne nicht in Frage kommen, an die Stelle seiner Meinung eine andere, etwa die des Vorgesetzten, treten zu lassen.[58]

Im Zuge der Rede Hitlers erscheint die Annahme gerechtfertigt, dass sie im Zusammenhang zu sehen ist mit dem Machtwechsel 1942 an der Spitze des Reichsministeriums der Justiz. Thierack wurde als Minister eingesetzt. Er war ein überzeugter Nationalsozialist. Hitler hatte ihn mit Erlass vom 20. August 1942[59] zum Zwecke des Aufbaus einer nationalsozialistischen Rechtspflege ermächtigt, vom bestehenden Recht abzuweichen.

Es erfolgten tiefgreifende Umgestaltungen, als die Führung der OLG-Bezirke fast durchweg mit Juristen mit langer Fronterfahrung und sogenannten Führer-

57 Stenographische Berichte des Deutschen Reichstages, 1942, 8. Sitzung, S. 109 ff.

58 LAV NRW, R, Rep 255/174, S.7, 8.

59 RGBl.I. 1942, S. 535.

eigenschaften – Richter als Soldat des Führers – besetzt und zahlreiche missliebige Richter verabschiedet wurden.[60]

Auch bei der Generalstaatsanwaltschaft bei dem OLG Köln fand ein personeller Wechsel statt: neuer Generalstaatsanwalt wurde Willy Rahmel, der Hitlers Rede vom 26. April 1942 für die Arbeit der Generalstaatsanwaltschaft als wegweisend ansah.[61]

Die Justizlenkung im Nationalsozialismus machte als Vorstufe umfassend Gebrauch von der traditionellen Berichtspflicht der Staatsanwaltschaft. Im Jahre 1935 kam es zu einer ersten Kodifikation der „Richtlinien für das Strafverfahren“[62] als auch unmittelbar darauf der „Mitteilungen in Strafsachen.“[63] Auch die Landgerichtspräsidenten waren angehalten, in regelmäßigen Abständen dem OLG-Präsidenten über die Lage im Bezirk und die Rechtsprechung zu berichten.[64]

Ebenso bezeichnend verwies die Allgemeinverfügung des Reichsministers der Jusitz für die Berichterstattung in Sondergerichtssachen auf die nicht veröffentlichte, als „geheim“ bezeichnete Rundverfügung des Reichsministers der Justiz von 1934. Ihr zufolge waren dem Ministerium nicht nur die Anklageschrift und das Urteil mit Gründen mitzuteilen, sondern in besonders wichtigen Sachen auch einzelne Verfahrensschritte; darüber hinaus musste die Staatsanwaltschaft stets gesondert berichten, sobald „besondere Gründe des Staatswohles“ sichtbar wurden.[65]

Auch die Staatsanwälte wirkten auf die Richter am Sondergericht ein, indem die Sitzungsvertreter des Öfteren zu Beginn einer Verhandlung offen erklärten, dass sie „vom Ministerium angewiesen“ seien, „die Todesstrafe zu beantragen“.[66] Insoweit ist von einer durch die Staatsanwaltschaft gelenkten Strafjustiz auszugehen.[67]

---

60 *Majer*, Fremdvölkische, S. 78, FN 87; *Wolffram/Klein*, Rechtspflege in den Rheinlanden, S. 231 ff., 243 ff. zum Personalwechsel im OLG-Bezirk Köln.

61 Amtseinführung des Generalstaatsanwalts Rahmel in Köln, DJ 1943, S. 542.

62 Ausführungsverordnung des RMJ vom 13. April 1935; amtliche Sonderveröffentlichung der DJ, Nr. 7; vgl. auch *Boberach*, Richterbriefe, S. XIV.

63 Ausführungsverordnung des RMJ vom 21. Mai 1935; amtliche Sonderveröffentlichung der DJ, Nr. 8.

64 vgl. LAV NRW, R, Rep. 255/174.

65 Zitiert nach *Rüping*, Sondergerichte, S. 127.

66 *Rüping*, Provinzialjustizverwaltung, S. 146

67 *Stirken*, Kölner Justizalltag, S. 43 f.; Herbers, Organisationen, S. 183f.

Weiter organisierte die Justizführung eigene Arbeitstagungen für die Vorsitzenden der Sondergerichte und Leiter der zuständigen Staatsanwaltschaften, deren Bedeutung allein durch hochkarätige Referenten, wie den Gauleiter, den Oberreichsanwalt oder auch den Chef des Reichssicherungshauptamtes hervortrat. [68]

Zu den Lenkungsmaßnahmen gehörten auch die in unregelmäßigen Abständen stattfindenden Zusammenkünfte des Reichsjustizministers mit den Generalstaatsanwälten und den OLG-Präsidenten. Dort wurden Fragen der Anwendung des Strafrechts, des Vorgehens gegen bestimmte Straftaten und auch allgemeine Probleme der Justiz besprochen.[69]

Das Endziel der Partei bestand, wie die entsprechenden internen Rundschreiben offen forderten, in einer totalen Kontrolle der Justiz, „in der Ausrichtung der Justiz und der Justizbeamten auf den Nationalsozialismus".[70]

Diesem Ziel war die NSDAP erheblich näher gerückt, nachdem ihr Vertrauensmann Thierack am 29. August 1942 das Reichsjustizministerium übernommen hatte. Thierack handelte systemkonform. Die bisherigen Eingriffsrechte in die Rechtsprechung, die sich die Partei angemaßt hatte, wurden formell anerkannt und zentralisiert. Es ging dabei nicht mehr nur um die Beeinflussung einzelner Gerichtsentscheidungen von Fall zu Fall, sondern um die Durchsetzung des allgemeinen politischen Primats der Partei in allen Fragen der Lenkung und Erziehung der Rechtsprechungsorgane, die ihr der neue Reichsjustizminister bereitwillig zugestand. Demzufolge wurden die Willkür zum System, die Pressionen und Einflussnahmen institutionell abgesichert. Ein Rundschreiben der Parteikanzlei vom 27. August 1942 gab allen Parteidienststellen bekannt, dass die Aufgabe der Rechtspflege nunmehr nur in enger Zusammenarbeit mit der Partei möglich sei. Die Partei werde den neuen Justizminister bei dem Aufbau einer starken nationalsozialistischen Justiz, für den er durch Führererlass vom 20. August 1942 umfassende Vollmachten erhalten hatte, helfen. Hierzu gehöre auch, dass jede öffentliche Kritik an Richtern und an einzelnen gerichtlichen Entscheidungen unterbleibe. Eine solche Kritik im Einzelfall war aus guten Gründen unentbehrlich geworden; denn nunmehr wurde die Einflussnahme der Partei auf die Justiz zentralisiert und ging auf höchster Ebene durch den Ressortchef vonstatten, in dem die Parteikanzlei in

---

68 Zitiert nach *Rüping*, Sondergerichte, S. 127.

69 *Schmidt*, Sondergerichtsbarkeit im Oberlandesgerichtsbezirk Düsseldorf, S. 63, *Vurgun*, Staatsanwaltschaft, S. 222, 223.

70 Rundschreiben des Leiters der Parteikanzlei Nr. 131/42 vom 27.08.1942, zitiert nach *Majer*, Fremdvölkische, S. 635.

allen beanstandeten Fällen „das Erforderliche" unmittelbar mit dem Minister besprach.[71]

Der neue Minister Thierack enttäuschte die Erwartungen nicht. Was man vorher als polizeiliche Übergriffe hingenommen hatte, wurde nun durch Vereinbarungen geregelt. Die Willkür wurde zum System, das Chaos geordnet. Konkret hieß das: Erweiterung der polizeilichen Einzeleingriffe in die Justiz in Form von Urteilskorrekturen sowie Bestätigung und Erweiterung der bisher usurpierten Kompetenzen bei der Strafverfolgung. Die Korrektur von Urteilen war somit nicht mehr eine Frage polizeilicher Selbstherrlichkeit, sondern etabliertes und auch von der Justizführung anerkanntes Instrument polizeilicher Kontrolle. Die Leitlinien waren von Thierack in einer Besprechung mit Himmler nur wenige Wochen nach seinem Amtsantritt am 18. September 1942 festgelegt worden. Im Einzelnen vereinbarten Justiz- und Polizeiführung neben anderen strafschärfenden Neuerungen, den Führer mit Fragen der Korrektur nicht genügender Justizurteile nicht mehr zu beschweren, sondern diese Fragen zwischen dem Reichsführer SS und dem Ministerium – bei Nicht-Übereinstimmung unter Beiziehung des Leiters der Parteikanzlei – in Form eines zentralisierten Verfahrens zu regeln.[72]

Ebenso dienten die von Oktober 1942 bis zum Dezember 1944 einmal monatlich unter Thierack eingeführten Richterbriefe der Justizlenkung. Sie publizierten und kommentierten Sondergerichtsentscheidungen, um den Richtern die innere Sicherheit und Freiheit zu geben"[73] und über eine „kriegsgerechte" Rechtsprechung zu instruieren.[74]

Das Hamburgische System der Vor- und Nachschauen zu bestimmten Prozessen wurde den OLG-Präsidenten nahe gelegt,[75] ist aber für den Kölner Bezirk nicht übernommen worden. Es gab allerdings – zumindest im Landgerichtsbezirk Köln, vereinzelt auch beim Landgericht Aachen – regelmäßig stattfindende Unterredungen und Besprechungen des Landgerichtspräsidenten mit den Richtern,[76] aber auch Besprechungen zwischen dem Gericht und der Staatsanwaltschaft, auch vor der Urteilsverkündung.[77]

---

71 Ebenda,S. 636.

72 Ebenda, S. 665.

73 *Boberach*, Richterbriefe, S. 7

74 Vgl. *Ludewig*, Sondergericht Braunschweig, S. 25.

75 *Angermund*, Deutsche Richterschaft, S. 233, 242 ,243.

76 *Herbers*,Organisationen, S. 177.

77 Vgl. unten S. 89 f.

Es lag im Ermessen des jeweiligen Behördenleiters, wie intensiv er die Lenkungsanweisungen des Ministeriums vorantrieb. Während die Führung der Bezirke Aachen und Bonn – laut Aussage der Nachkriegszeit – sich in diesen Fällen zurückhaltend verhielt, wurde die direkte Ansprache im Kölner Bezirk durch den Landgerichtspräsidenten Müller offensiv betrieben.[78] Allerdings zeichnete sich der Nachfolger des im Jahre 1943 abgelösten Landgerichtspräsidenten Hermanns, Graeschke, in Aachen dadurch aus, dass er nicht nur mit den Parteidienststellen kooperierte, vielmehr auch direkt und durch Stellenumbesetzungen Einfluss nahm.[79]

Der direkte Kontakt mit den Richtern wurde von dem in den Ruhestand versetzten Aachener Landgerichtspräsidenten Karl Hermanns in der Nachkriegszeit als der entscheidende Bruch der Lenkung im Krieg interpretiert. Vorher hätten es die Landgerichtspräsidenten strikt abgelehnt, wegen Einzelfällen mit den Vorsitzenden der Kammer Fühlung zu nehmen.[80]

Überliefert sind schließlich zahlreiche Einzelanweisungen des Reichsjustizministeriums, in denen es einzelne Urteile eines Sondergerichts, und zwar stereotyp wegen auffallend milder Entscheidungen, beanstandet.[81] Aber auch verfahrensbezogene Einzelanweisungen sind bekannt.[82]

Auch das Sondergericht Aachen wurde des Öfteren in seinen Entscheidungen als zu milde qualifiziert.[83]

Am Ende aller Lenkung steht der Ausverkauf der Justiz unter Thierack zugunsten des Zugriffs der SS. Justiz, SS und Partei einigten sich auf die Korrektur bei nicht genügenden Justizurteilen durch polizeiliche Sonderbehandlung und auf die Auslieferung asozialer Elemente aus dem Strafvollzug an den Reichsführer SS zur Vernichtung durch Arbeit[84]

---

78 *Herbers*,Organisationen S. 182.

79 Vgl. unten S. 28 f.

80 *Herbers*, Organisationen S. 181 sowie FN 134.

81 *Nestler/Ziegler*, Die Pfalz unterm Hakenkreuz, S. 149; *Bergmann*, Sondergericht Oldenburg, S. 12

82 *Vurgun*, Staatsanwaltschaft, S. 236.

83 LAV NRW, R, Rep. 113/76, S. 10.

84 *Rüping*, Vortrag S. 7.

6. Strafvollstreckung

Nach der Strafvollzugsordnung vom 7. Juni 1923[85] sollte die Strafvollstreckung in erster Linie der Resozialisierung dienen. § 48 der Strafvollzugsordnung stellte fest, dass der Vollzug der Freiheitsstrafe der sittlichen Festigung des Gefangenen dienen sollte, so dass er nicht wieder rückfällig werden würde.

Mit dem Inkrafttreten der Strafvollzugsordnung vom 14. Mai 1934[86] trat der Resozialisierungsgedanke völlig in den Hintergrund. Vordergründig sollte der Strafvollzug der Sühne dienen. Im § 48 der Strafvollzugsordnung hieß es:

> Durch die Verbüßung der Freiheitsstrafe sollen die Gefangenen das begangene Unrecht sühnen. Die Freiheitsentziehung ist so zu gestalten, dass sie für den Gefangenen ein empfindliches Übel ist.

Strafvollstreckungsbehörde für Urteile der Sondergerichte war gem. § 451 StPO die Staatsanwaltschaft. Aufgrund der Übernahme der Justiz durch das Reich erließ der Reichsjustizminister eine einheitliche Strafvollstreckungsordnung vom 7. Dezember 1935.[87] Die Strafvollstreckung sollte schleunigst erfolgen. Insbesondere sollten Untersuchungsgefangene ohne jedwede Verzögerung nach rechtskräftigem Urteil in die Strafhaft überführt werden.

7. Begnadigungsrecht

Das Begnadigungsrecht ist ein staatliches Hoheitsrecht, das von jeher dem Staatsoberhaupt vorbehalten war. Die Befugnis, Gnade zu erweisen hatte der Führer und Reichskanzler als Staatsoberhaupt des Reiches.[88]

Diese Befugnis hatte er für die meisten Fälle durch Erlass vom 1. Dezember 1935 mit dem Recht der Weiterleitung auf den Reichsjustizminister übertragen, der seinerseits das Gnadenrecht in einer speziellen Verordnung regelte.[89] Gnadenbehörde war gemäß § 4 Gnadenordnung die Vollstreckungsbebörde, mithin die Staatsanwaltschaft.

Vor Anordnung der Vollstreckung von Todesurteilen war gem. § 453 StPO von Amts wegen der Bericht der Gnadenbehörde, einer mit der Bescheinigung über die Vollstreckbarkeit versehene beglaubigte Abschrift der Urteilsformel

85 RGBl. I. 1923, 263, 268.

86 RGBl. I. 1934, 383.

87 DJ 1935, S.1800 f.

88 § 8 Reichsstatthaltergesetz vom 30. Januar 1935, RGBl.I. 1935,S. 65.

89 RGBl. I. 1935, 74, sowie Verordnung des Reichsjustizministers über das Verfahren in Gnadensachen (Gnadenverordnung) vom 6. Februar 1935 in DJ 1935, S.203.

und 3 beglaubigte Abschriften des rechtskräftigen Todesurteils, die Äußerungen des erkennenden Gerichts und des Vorsitzenden dieses Gerichts zur Begnadigung sowie 2 Lichtbilder des Verurteilten aus neuester Zeit an den Reichsjustizminister zu senden. Dies hatte mit „äußerster Beschleunigung" zu erfolgen, um die „Schlagkraft und Wucht der Strafrechtspflege" zu gewährleisten. Nach § 13 Abs. 2 der Gnadenordnung hatte dies durch die Gnadenbehörde zu erfolgen, sobald ein rechtskräftiges Todesurteil vorlag. Auf die Einreichung eines Gnadengesuchs brauchte nicht gewartet zu werden. Zwischen dem Eingang des Gnadenberichts im Reichsjustizministerium und dem Ausgang der Vollstreckungsverfügung sollten nur 2 Wochen liegen (§ 13 Gnadenordnung).

Die Vollzugskompetenz der Aachener Anklagebehörde erstreckte sich in der Praxis im Wesentlichen auf die Verteilung der Verurteilten auf die entsprechenden Vollzugsanstalten und Zuchthäuser im Landgerichtsbezirk Aachen sowie auf einen im Umfang und Dokumentation erweiterten Aufgabenkreis im Rahmen der Vollstreckung von Todesurteilen. Zentrale Hinrichtungsstätte war der „Kölner Klingelpütz". Der Aufenthalt dort war ein Martyrium: einmal wegen der Überfüllung der Zellen, zum anderen auch deswegen, weil die Gefangenen während der schweren Luftangriffe auf Köln in ihren Zellen eingeschlossen blieben. Dazu kam die unzureichende und schlechte Ernährung.[90]

8. Die personelle Besetzung der Sondergerichte

Zunächst sah die Sondergerichtsverordnung des Jahres 1933 in § 3 die Berufung der Sonderrichter durch das Präsidium des jeweiligen Landgerichts vor, in dessen Bezirk das Sondergericht seinen Sitz hatte. Aufgrund des Gesetzes über die Geschäftsverteilung bei den Gerichten,[91] welches einherging mit der faktischen Beseitigung der gerichtlichen Selbstverwaltung, erfolgte die Berufung fortan durch den Oberlandesgerichtspräsidenten. So sollten als Vorsitzende und deren Vertreter möglichst Landgerichtsdirektoren bestellt werden, um zu gewährleisten, dass erfahrene Richter den Vorsitz übernahmen.[92]

Bereits ab 1935 mussten bei der Ernennung und Beförderung von Richtern und Staatsanwälten die Gauleiter zustimmen. Ab 1940 bedurfte es dann mit der

90 *Klein*, Köln im Dritten Reich, S. 263.

91 RGBl.I. 1937, S.1286.

92 Vgl. Ausführungsverordnung des Preußischen Justizministeriums vom 23. März 1933 – Justizministerialblatt S. 98.

Zustimmung des „Stellvertreters des Führers“ des Einverständnisses der Parteizentrale in München.[93]

Bei der im Oktober 1939 im Reichsjustizministerium stattfindenen Arbeitstagung der Vorsitzenden der Sondergerichte und ihrer ständigen Vertreter sowie der Sonderdezernenten der Staatsanwaltschaft hieß es:

> Die Justizverwaltung muss ferner bei Auswahl der Mitglieder der Sondergerichte darauf bedacht sein, Persönlichkeiten einzusetzen, die nach Charakter, Fähigkeiten, Erfahrung und Verantwortungsbewusstsein die grösstmögliche Gewähr dafür bieten, dass ihre Entscheidungen der Nachprüfung durch eine höhere Instanz nicht mehr bedürfen.[94]

Die Vereinfachungsverordnung vom 1. September 1939[95]liess auch Gerichtsassessoren als Richter am Sondergericht zu.

So bot durch die materiellrechtlichen Bestimmungen der einschlägigen NS-Verordnungen auch die Personalbesetzung – noch zu Kriegsbeginn mit jüngeren, entschieden zum Nationalsozialismus stehenden Richtern[96] – die Gewähr einer Rechtsprechung im nationalsozialistischem Sinn, wobei es im Einzelfall schwer festzustellen ist, ob die Richter am Sondergericht überzeugte Nationalsozialisten waren oder ob sie aus anderen Gründen dort tätig wurden. Zumindest sollte eine differenzierende Betrachtungsweise angebracht sein.

Dies galt gleichermaßen für die Staatsanwälte. Nach einer Anweisung des Reichsjustizministeriums sollten

> mit der Bearbeitung der zur Zuständigkeit der Sondergerichte gehörenden Strafsachen besonders auszuwählende Sachbearbeiter, nach Möglichkeit die Bearbeiter der politischen Strafsachen betraut werden.[97]

Die Staatsanwälte unterlagen den Weisungen ihres Behördenleiters. Jede Anklageschrift bedurfte der Gegenzeichnung des sich offiziell „der Oberstaatsanwalt als Leiter der Anklagebehörde beim Sondergericht“ nennenden Vorgesetzten. Mit dem Beamtengesetz vom 26. Januar 1937 wurde schließlich jeder Staatsanwalt zum politischen Beamten, der jederzeit abberufen werden konnte,

93 *Streim*, Tätigkeit der Sondergerichte, S. 243.

94 BArch, R 22/4158, S. 76.

95 RGBl.I. 1939, S.1658.

96 *Angermund*, Deutsche Richterschaft, S. 215 mit Bezug auf eine Besprechung mit Reichsjustizminister Thierack am 10./11. Februar 1943; vgl. auch *Johe*, Justiz, S 84.

97 Ausführungsverordnung des RJM vom 9. Dezember 1935, DJ 1935, S.1812.

wenn er nicht „Gewähr dafür bot, jederzeit rückhaltlos für den nationalsozialistischen Staat einzutreten“.[98]

98 RGBl. I. 1937, S. 39.

3. Kapitel: Das Sondergericht Aachen 1941-1945

I. Das Landgericht Aachen in der Zeit des Nationalsozialismus

1. Von der Machtergreifung bis zum Ende des Dritten Reiches

Die Zeit von 1933 bis 1945 stellt sich auch in der Geschichte des Landgerichtsbezirkes Aachen als eine „dunkle Phase ungeheuren Verfalls“ dar.

> Grundsätze des Rechts, der Gerechtigkeit, eines Rechtsstaats und des fairen Umgangs miteinander wurden mit Füßen getreten. Die Achtung vor der Würde eines Mitmenschen, vor seinem Leben, vor seiner Freiheit im Handeln wie im Denken, vor seiner Familie und seiner Gleichheit wurde schwach und verschwand schließlich ganz.[1]

Zum Zeitpunkt der Machtergreifung am 30. Januar 1933 war Wilhelm Oppenhoff, geb. am 4. August 1868 in Aachen, Landgerichtspräsident. Er, der kein Nazi war, blieb bis zu seiner Pensionierung am 1. Oktober 1933 im Amt.[2] Sein Nachfolger wurde der am 9. April 1894 in Schleiden geborene Aachener Amtsgerichtsrat Karl Hermanns. Hermanns war seit dem 1. Februar 1932 Mitglied der NSDAP und deshalb am 6. April 1933 kommissarisch zum Aachener Polizeipräsidenten bestellt worden.

Der Einfluss der Nationalsozialisten auf den Landgerichtsbezirk schien damit gesichert.[3]

Im Laufe des Jahres 1943 wechselten Teile der Führungsspitze der Gerichte; die Gründe dafür lagen ausschließlich in einem Radikalisierungsschub innerhalb des Justizministeriums, verantwortet durch den neuen Reichsjustizminister Thierack.[4] Der Kölner Oberlandesgerichtspräsident Alexander Bergmann wurde von Erich Lawall abgelöst. Bergmann galt als „nationaler Mann“, jedoch mitnichten als „Nazi“. Andererseits war er – wie viele Menschen – nicht zum Widerstandskämpfer geboren.[5] In Aachen folgte dem Landgerichtspräsi-

1 *Birmanns*, Aachener Justiz, S. 209.

2 Oppenhoff war Mitglied des Zentrums und in den 20er Jahren Mitglied des Preußischen Landtages.

3 *Haupts*, Nationalsozialismus in Aachen S. 617; *Birmanns*, Aachener Justiz, S. 215.

4 *Majer*, Fremvölkische, S. 664, 666 und 76.

5 *Wolffram/ Klein*, Rechtspflege in den Rheinlanden, S. 223.

https://doi.org/10.1515/9783110603125-004

denten Karl Hermanns Walter Graeschke und in Trier wurde der Landgerichtspräsident Johann von Koolwijk Nachfolger des Landgerichtspräsidenten August Weck.[6]

Dr. Walter Graeschke wurde am 22. Juni 1943 zum neuen Landgerichtspräsidenten in Aachen ernannt. Er erhielt den seinen Vorgänger kennzeichnenden Auftrag, „den Gerichtsbezirk nationalsozialistisch auszurichten und dem Einfluss der katholischen Geistlichkeit einen Riegel vorzuschieben".[7]

Graeschke brachte dafür die besten nationalsozialistischen Voraussetzungen mit: Der am 15. Mai 1898 in Berlin geborene evangelische Präsident war bereits am 16. Oktober 1926 der NSDAP beigetreten. Von 1926 bis 1928 war er SA-Standartenführer und ab 1931 SS-Oberführer im Stabe des Reichsführers SS und ab 1932 Leiter des SS-Abschnitts VIII Linz an der Donau. Von 1934 bis 1936 war Graeschke als Oberregierungsrat im Geschäftsbereich des Preußischen Innenministers mit nachrichtendienstlichen Aufgaben betraut. Die Laufbahn in der Justiz begann mit seiner Ernennung zum Landgerichtsdirektor in Berlin am 1. Februar 1936, der sich die Ernennung zum Landgerichtspräsidenten von Gruben am 2. September 1937 anschloss und der die Ernennung zum Landgerichtspräsidenten in Aachen am 22. Juni 1943 folgte.[8]

In einem mit Kritik an seinem Vorgänger und den gegebenen Verhältnissen in Aachen versehenen Lagebericht an den OLG-Präsidenten in Köln vom 16. November 1943 führte Graeschke folgendes aus:[9]

> In die Berichtszeit fällt die Übernahme meines Amtes als Landgerichtspräsident in Aachen. Ich kann mir versagen, eine in die Einzelheiten gehende Schilderung der Verhältnisse abzugeben, die ich bei meinem Dienstantritt in Aachen vorfand, da ich sie bereits des Öfteren in mündlichen Unterredungen dargelegt habe. Als wesentlichen Umstand hebe ich hervor, dass die im Interesse einer fruchtbaren Arbeit erforderliche Übereinstimmung zwischen den Parteidienststellen und meiner Behörde in meinem Bezirk bisher nicht in der richtigen Form durchgeführt war. Ich habe es daher als meine vordringlichste Aufgabe angesehen, durch persönliches Eingreifen hier eine Wendung zu schaffen. Die persönliche Fühlungnahme mit dem zuständigen Kreisleiter in allen über das normale Maß hinausgehenden Sachen zur Klarstellung der gegenseitigen Auffassung erscheint mir zweckmäßig. Durch verschiedene Änderungen in der Stellenbesetzung innerhalb meines Bezirks habe ich dem verständlichen Wunsch der politischen Führung

---

6 *Manthe*, Richter, S. 53.

7 *Birmanns*,Aachener Justiz, S. 217.

8 Zitiert nach *Birmanns*, Aachener Justiz, S. 217; vgl. auch Entnazifizierungsakte Graeschke, LAV NRW, R, Rep. 255/ 143, 344. G. wurde nach Entnazifizierungsklasse III eingestuft, sein Beamtenverhältnis wurde beendet.

9 LAV NRW, R, Rep. 255/174, S. 13.

Rechnung getragen. Darüber hinaus habe ich angeordnet, dass ich es als Pflicht der mir anvertrauten Beamten ansehe, dass sie einen wesentlichen Teil ihrer Freizeit dem tätigen Einsatz in der Partei widmen, um auf diese Weise auch nach aussen hin ihre Verbindung zur staatstragenden Bewegung und ihren Willen unter Beweis zu stellen, sich rücksichslos für die Ziele des nationalsozialistischen Staates einzusetzen. Ich werde diesen Einsatz der Beamten von Zeit zu Zeit überprüfen. Diese Regelung gibt zu der Hoffnung Anlass, dass für die Zukunft eine erspriessliche Zusammenarbeit der Parteidienststellen und der Justizbehörde in Aachen gewährleistet ist, ohne dass dadurch der Grundsatz der richterlichen Weisungsfreiheit und die Eigenverantwortlichkeit der Beamten in irgendeiner Form eingeschränkt worden wäre.

Weiter erklärte er:

Dieses Sondergericht ist kein Sondergericht sondern eine Gnadeninstanz.

Da wehte ein strenger, neuer Wind aus östlicher Richtung, den der Landgerichtsbezirk Aachen bis dahin noch nicht gekannt hatte. Der neue Wind wehte heftig, aber kurz. Graeschke meldete sich nach 14-monatiger Dienstzeit im September 1944 freiwillig zur Wehrmacht, als die Justiz in Aachen im Chaos des Krieges versank. Er kehrte nicht mehr in sein Amt zurück, das durch den Kriegsverlauf faktisch beendet wurde.[10]

Graeschke wurde nach dem Krieg vom 8. Juli 1946 bis 7. Mai 1948 interniert und am 15. April 1948 von der Spruchkammer Bielefeld zu einer Geldstrafe von 20.000,00 RM verurteilt.[11] Er wurde im Justizdienst nicht mehr beschäftigt.[12]

Graeschke ersetzte der erst 43 Jahre alte Landgerichtsdirektor Walther Fritz, Ihm wurde die Verwaltung des sich auflösenden Landgerichtsbezirks übertragen.[13]

Die OLG-Spitze notierte für Fritz Eigenschaften wie besondere „Tatkraft" und „persönlichen Einsatz".

Er habe sich nicht von Vorschriften und Paragraphen leiten lassen, sondern mit Geschick und unter schwierigsten Verhältnissen das Vertrauen der Gefolgschaft erworben. [14]

Fritz führte auch den Vorsitz in Sondergerichtssachen und war an dem Urteil vom 15. Februar 1945 – 13 SLs 10/45 – in Siegburg als Vorsitzender beteiligt[15].

---

10 *Birmanns*, Aachener Justiz, S.217.

11 LAV NRW, R, Rep 255/143, S. 343,344.

12 Ebenda.

13 *Herbers*, Organisationen, S. 84, 85.

14 Ebenda.

Die Militärregierung ernannte am 4. März 1945 Rechtsanwalt Dr. Philipp Bohne, geb. am 20. Mai 1890 in Düsseldorf, zum Nachfolger Graeschkes. Bohne war bis zum 31. Mai 1958 Aachener Landgerichtspräsident. Er starb am 10. August 1960.

2. Landgerichtspräsident Karl Hermanns[16]

Karl Hermanns, am 9. April 1894 in Schleiden als Sohn eines Landwirts geboren, besuchte die Elementarschule und die Höhere Schule in Schleiden und anschließend das Gymnasium in Düren bis zum Abitur im Jahre 1913. Er studierte Jura in Heidelberg, Berlin und Bonn und bestand das 1. Staatsexamen in Kassel mit „gut“. Sein Referendariat absolvierte er bei dem AG Gemünd und LG Bonn, wobei er von August 1917 bis November 1918 seine Referendarzeit unterbrach und Dienst bei der Deutschen Zivilverwaltung für Belgien leistete. Anschließend war er wiederum als Referendar bei der Staatsanwaltschaft Bonn und bei dem OLG Köln eingesetzt, bevor er im Jahr 1921 in Berlin das 2. Staatsexamen mit „ausreichend, fast gut“ bestand.

Seine berufliche Laufbahn begann er 1921 als Justitiar beim A. Schaffhausen´schen Bankverein Köln. Am 1. Oktober 1926 wurde er Amtsgerichtsrat in Aachen.

Hermanns engagierte sich bereits früh für die NSdAP.[17] Seit dem 1. Februar 1932 war er Mitglied.[18] Mit Unterstützung seiner Partei wurde er vom 8. April 1933 – 21. Juli 1933 kommissarisch Polizeipräsident in Aachen und am 1. Oktober 1933 zum Landgerichtspräsidenten in Aachen ernannt. Er gehörte dem NS Rechtswahrerbund seit dem 17. August 1932 an, war im Reichsbund der deutschen Beamten von 1933-1936, im VDA und im Reichskolonialbund seit 1934. Für seine Partei saß er von 1933-1934 im Aachener Stadtrat. Sein Mandat gab er am 1. April 1934 zurück, weil er sich mit der Partei überworfen hatte.

---

15 Vgl. 3. Kap., II, 3 a.E.

16 Alle Angaben zu seiner Biografie: LA NRW107916234 LA NRW, Abt. R WR/PE Nr.13063, LA NRW Abt. R NW 1037 B II 3035 Abt. R NW 1086 3871, hier vor allem der Fragebogen vom 4. Mai 1945; vgl. auch *Herbers*, Organisationen, S. 227, FN 98.

17 Birmanns nennt ihn einen „in der Wolle gefärbten Nationalsozialisten“, vgl. *Birmanns*, Aachener Justiz, S. 214.

18 Mitgliedsnummer 894538.

Er spricht in seiner Entnazifizierungsakte von „einem inneren Bruch mit der Partei“[19]. In einer Anlage zum Fragebogen der Militärverwaltung vom 4. Mai 1945 schildert er die Gründe für seinen Parteibeitritt und beschreibt sein Verhältnis zur Partei:

> Die NSdAP schien mir nach ihren Ankündigungen am ehesten zum Wiederaufbau geeignet zu sein. Sie wollte Arbeit schaffen, also durch Selbsthilfe die Not lindern, statt die Dinge treiben zu lassen; sie schien offensichtlich die Massen zur Arbeit begeistern zu können.[20]

In der Folgezeit wurde sein Verhältnis zur Partei getrübt:

> Diese Außerkraftsetzung des Mitbestimmungsrechtes der Bevölkerung in Reich, Staat und Gemeinde, kurz des parlamentarischen Systems, wie überhaupt die immer mehr zur Tage tretende reine Machtpolitik und Hintansetzung aller fortschrittlichen Menschheitsideale waren für mich eine solche Enttäuschung, dass ich zum 1. April 1934 ostentativ mein Amt als Stadtverordneter niederlegte.

und weiter:

> In meinem Hauptamt als Landgerichtspräsident war es inzwischen ebenfalls zu scharfen Konflikten mit der Partei, SA und SS gekommen.
>
> ….. unter vielen anderen einen Prozess gegen den Chef des Feldjägerchorps Fahnenschreiber – es war dies die Polizeitruppe der SA – in dessen Verlauf der Brigardeführer mich sogar zum Zweikampf fordern wollte, weil ich mich vor den Richter stellte und die Anhörung des Brigardeführers abgelehnt hatte. Kein Wunder das ich auf einer von der SA angelegten Liste der bei nächster Gelegenheit „umzulegenden“ Persönlichkeiten gestanden haben soll.
>
> Ein weiteres Beispiel: Als in der Mordsache Geurten das von Partei und SA erwartete Todesurteil nicht verhängt wurde – die Parteizeitung Westdeutscher Beobachter sprach von einem „jedem Rechtsempfinden Hohn sprechenden Urteil“ – beabsichtigte die SA, das Gericht zu stürmen und wohl den Angeklagten zu lynchen. Auch hier stand ich in entschiedener Abwehr.
>
> Den meiner Erinnerung nach einzigen Angehörigen der SS beim Landgericht, Justizangestellten Sidwo, habe ich 1934 entlassen. Dies führte dazu, dass – offenbar auf Betreiben der SS – ein Prozess gegen den Justizfiskus auf Wiedereinstellung angestrebt wurde.

Hermanns erklärte weiter:

> Ich bin röm.katholisch und war stets Kirchgänger. Die Partei hatte wohl erwartet, dass ich mich über kurz oder lang wandeln würde. Als sie sich hierin getäuscht sah, hatte ich schon deshalb bei ihr ausgespielt. Da kam eines zu dem anderen. Ich befand mich so von Anfang an in Nichtübereinstimmung mit den wesentlichen Grundsätzen und Zielen der Partei, besonders also auch was ihre Unduld-

19 Vgl. 3. Kap., I, 2.

20 LAV NRW, R, Rep. NW1086-3871,S. 4.

> samkeit auf religiösen, völkischen und rassischem Gebiet anbelangt, wie ich denn auch ihre rassentheoretischen Ideen und Folgerungen verwarf.

Hermanns wurde schließlich nach einem Gespräch unter vier Augen mit dem neuen Reichsjustizminister Dr. Otto Thierack[21] in Köln durch Erlass des Reichsjustizministers vom 20. April 1943 mit Wirkung zum 1. Juli 1943 in den Ruhestand versetzt.[22]

Hermanns war zwar ohne Zweifel Nationalsozialist, aber er äußerte sich überaus freimütig in seinen Lageberichten an den Kölner Oberlandesgerichtspräsidenten. Er brachte seine eigene Meinung zu wichtigen justizpolitischen Vorgängen und zu bedeutsamen Vorfällen im Aachener Landgerichtsbezirk zum Ausdruck. Dieser Charakterzug wird auch in einem Vermerk des Oberlandesgerichtspräsidenten in Köln vom 17. Januar 1939 zu den Personalakten des Landgerichtspräsidenten Hermanns erfasst:

> Niemals wird er davor zurückschrecken, auch unter Einsatz seiner Persönlichkeit Eingriffe in den Bereich der Rechtspflege zurück zu weisen.[23]

Am 22. März 1943 hatte der Oberlandesgerichtspräsident in Köln Veranlassung, zu den Personalakten Hermanns festzuhalten, dass er „politisch völlig einwandfrei" sei und dass er sich „für die Umstellung des Prozesses auf die Rechtsauffassung des Dritten Reiches ... stark eingesetzt" habe. Der Grund für diesen eigenartigen Vermerk in den Personalakten eines frühen Parteimitgliedes bestand darin, dass sich Hermanns durch sein Verhalten bei den Parteioberen unbeliebt gemacht hatte.

In jahrelanger Arbeit hatte Hermanns eine Fülle von Material über Rechtsbrüche und Übergriffe von Polizei- und Verwaltungsstellen zusammengestellt, die er in einem umfassenden Bericht zum Stichwort „Justizkrise" dem Ministerium vorlegte. Insbesondere hatte er das Todesurteil des Sondergerichts gegen den Ortsgruppenleiter von Würselen gedeckt.[24] Dadurch wurde er für die Par-

---

21 *Birmanns*, Aachener Justiz, S. 216.

22 Ebenda, S. 216: Hermanns wurde nach dem Krieg in einem Entnazifizierungsverfahren 1949 in die Kategorie V „Entlastete Personen" eingestuft. Er erhielt das Ruhegehalt eines Landgerichtsdirektors, berechnet ab 1. Januar 1937; seit dem 6. März 1953 war Hermanns als Rechtsanwalt in Schleiden tätig. Er starb am 1. August 1975; vgl. auch LAV NRW, R, Rep. 1086/3871.

23 *Birmanns*, Aachener Justiz, S. 215; vgl. auch Angermund, Deutsche Richterschaft, S. 55.

24 Siehe unten 4. Kap., II, 1. Paul Schöner.

tei endgültig politisch untragbar.[25] Minister Thierack kam danach einem Wunsch des Gauleiters Grohe´nach, Hermanns abzulösen.[26]

Nach dem Bescheid des Entnazifizierungs-Hauptausschusses Stadtkreis Aachen wird Hermanns als „harmloser Mitläufer" in Gruppe IV ohne Sperre eingeordnet. Es heißt: „Er ist seiner katholischen Einstellung treu geblieben".

Der Entnazifierungs-Berufungsausschuss des Stadtbezirkes Aachen stellt am 27. November 1948 fest:

> Kategorie V:
>
> Hermanns Verdienste um Schutz der Justiz vor den Nazis sind beachtlich.
>
> Er verstand es, Widerstand auszuüben.
>
> Seine Hauptaufgabe war es, die Justiz gegen Übergriffe der Polizei zu schützen.

Der Entnazifizierungs-Revisionsausschuss des Stadtkreises Aachen stellte am 10. Februar 1949 fest:

> Der Betroffene ist im Jahre 1943 nicht aus Gründen des Alters oder Invalidität, sondern im Rahmen seines Widerstandes gegen das NS-Regime in den Ruhestand versetzt worden. Er ist entlastet.[27]

Nach alledem ist festzustellen, dass Hermanns die Aachener Justiz im Dritten Reich mit Anstand vertreten hat. Er war ein integrer Mann, ein geachteter Jurist, aufrecht und mutig, der in einer dunklen Phase der Justiz für die Grundsätze des Rechts und ein faires Miteinander eingetreten ist. Er hatte den Mut, Recht und Verfassung auch gegenüber Parteioberen zu verteidigen.[28] Er war Natonalsozialist, hat aber frühzeitig erkannt, wohin der Weg geht und sich losgesagt und Widerstand geleistet.

So stellte auch Landgerichtsdirektor Losenhausen, Hermanns ständiger Vertreter, bei der Verabschiedung aus dem Dienst zu Hermanns in seiner Abschiedsrede fest:

> Jeder hat hier im Laufe ihrer fast zehnjährigen Präsidentschaft beobachten können, und viele haben es auch persönlich verspürt, mit welch außergewöhnlicher Tatkraft sie sich für die Belange ihrer Gefolgschaft einsetzten, welch Verständnis und welche Hilfsbereitschaft sie bei Eintritt von Nöten und Sorgen materieller und immaterieller Art zeigten, wie sie die bei ihnen unberechtigt erscheinenden Angriffen auf ihre Mitarbeiter sofort das schützende Schild erhoben und ohne

25 *Wolffram/Klein*, Rechtspflege in den Rheinlanden, S 243.

26 *Angermund*, Deutsche Richterschaft, S. 263, FN 75.

27 LAV NRW, R, NW 1086-3871.

28 *Siemons*, Kriegsalltag in Aachen, S. 91.

Rücksicht auf etwaige Fehldeutungen für ihre eigene Person kämpften, bis der Angriff abgeschlagen war und das Recht gesiegt hatte.[29]

3. Die Errichtung des Sondergerichts Aachen

Bis zur Einrichtung des Sondergerichts Aachen waren die Fälle aus dem Landgerichtsbezirk Aachen vor dem Sondergericht bei dem Landgericht Köln behandelt worden. Zu Beginn des Krieges wurde vom Reichsjustizministerium überprüft, ob weitere Sondergerichte im Bezirk des OLG Köln errichtet werden sollten.[30] Dazu teilte der Aachener Landgerichtspräsident Hermanns am 8. Januar 1940 dem Oberlandesgerichtspräsidenten und dem Generalstaatsanwalt in Köln folgendes mit:

> Wenn auch die Gefahr einer Zersplitterung der Strafgerichtsbarkeit durch Ausbreitung der Sondergerichte nicht verkannt werden soll, so halten wir es doch für geboten, die Errichtung eines eigenen Sondergerichtes beim hiesigen Landgericht in Erwägung zu ziehen. Einmal sind die Verkehrsverhältnisse im hiesigen Grenzbezirk überhaupt und zur Zeit besonders in Folge des hier zusammengezogenen Militärs recht ungünstig. Sie erschweren es den in den Strafverfahren Beteiligten, vor dem für den Bezirk des Oberlandesgerichts errichteten Sondergericht zu erscheinen. Ferner bringt die Grenzlage des hiesigen Bezirks, zumal er jetzt zum Operationsgebiet gehört, besonders gelagerte Verhältnisse mit sich, deren richtige Beurteilung einer Kenntnis derselben erforderlich ist. Ein am Sitz des hiesigen Landgerichts gebildetes Sondergericht dürfte nach dem bisher gemachten Erfahrungen mit den örtlichen Verhältnissen besser vertraut sein, als das für den größten Teil der stark bevölkerten Rheinprovinz umfassende Bezirke des Oberlandesgerichtsbezirk in Köln zuständige Sondergericht. Schließlich dürfte die Errichtung eines eigenen Sondergerichts auch zur Hebung des Ansehens der örtlichen Gerichtsbehörde beitragen.[31]

Und weiter heißt es im vorgenannten Schreiben:

> Es bestätigt sich nämlich immer wieder, dass seit der Einrichtung der Sondergerichte das Ansehen der ordentlichen Strafgerichte sowohl bei der Verwaltung bis zu den Ortspolizeibehörden herunter wie auch bei der Bevölkerung zurückgegangen ist; denn wegen der Bedeutung der politischen Strafsachen sieht man die volle Macht der Gerichtsbarkeit nur noch in dem für den Oberlandesgerichtsbezirk zuständigen Sondergericht verkörpert.[32]

---

29 LAV NRW, R, NW 1086-03871 0017.

30 Anfrage des Reichsministers der Justiz vom 9. Dezember 1939 bei dem OLG-Präsidenten und Generalstaatsanwalt in Köln, LAV NRW, R, Rep. 255 /213, S 11.

31 LAV NRW, R, Rep. 255/213, S 13.

32 Ebenda.

Der Kölner Landgerichtspräsident Müller hält dagegen die Bildung eines weiteren Sondergerichts im OLG-Bezirk „derzeit nicht für erforderlich“.[33]

> Die Einheitlichkeit der Rechtsprechung gerade auf diesem besonderen Rechtsgebiet erfordert unseres Erachtens eine möglichste Zentralisierung der Sondergerichte. Je kleiner der Bezirk eines Sondergerichts ist, desto geringer wird auch notwendig die Erfahrung der in ihm tätigen Richter sein müssen
>
> Auch die Verkehrsverhältnisse lassen zur Zeit jedenfalls die Errichtung weiterer Sondergerichte nicht notwendig erscheinen. Die Eisenbahnverbindungen nach und von Bonn, Koblenz und Aachen sind häufig und erfordern keinen beachtlichen Zeitaufwand. Auch die Verbindungen nach Trier und zurück sind zur Zeit noch so, dass sie die Errichtung eines für alle Sondergerichtssachen des Trierer Bezirks zuständigen Sondergerichte in Trier nicht angebracht erscheinen lassen. Sollten insoweit in der Folgezeit Erschwernisse eintreten, so könnte ihnen alsdann immer noch rechtzeitig genug Rechnung getragen werden. Vorläufig steht dem Sondergericht auch noch der polizeilich ausdrücklich zugelassene Kraftwagen des Vorsitzenden zur Verfügung. Der Vorsitzende des Sondergerichts in Köln, den ich, der mitunterzeichnende Landgerichtspräsident, gehört habe, pflichtet diesem Bericht bei.[34]

In der Folgezeit wird von der Errichtung weiterer Sondergerichte im OLG-Bezirk Köln zunächst Abstand genommen.

Erst im Herbst 1940 kommt die Diskussion um weitere Sondergerichte wieder in Gang. Es wird von der Steigerung der Anklagen vor dem Sondergericht Köln und einem immens erhöhten Arbeitsanfall berichtet.[35]

Daraufhin entscheidet der Reichsminister für Justiz – Staatssekretär Freisler –, dass in Köln bei dem Sondergericht eine zweite Kammer sowie ein Sondergericht bei dem Landgericht Aachen eingerichtet werden soll. Eine Zuteilung der Sachen des Landgerichts Bonn an das Landgericht Koblenz soll nicht stattfinden. Diese Sachen sollen weiter in Köln verhandelt werden.[36]

In der Folge nahm das Sondergericht Aachen am 10. Februar 1941 seine Tätigkeit auf.[37] Die örtliche Zuständigkeit erfasste den Landgerichtsbezirk und

---

33 Schreiben vom 19. Januar 40, LAV NRW, R, Rep. 255/213, S 16.

34 Ebenda.

35 LAV NRW, R, Rep. 255/213, S. 23-54.

36 LAV NRW, R, Rep. 255/213, S. 55.

37 Verordnung über die Zuständigkeit der Strafgerichte, der Sondergerichte und sonstige strafverfahrensrechtliche Vorschriften vom 21. Februar 1940: RGBl. I. 1940, S. 405; LAV NRW, R, Rep. 255/213, S. 68, DJ 1941, S. 223.

die Kreise Eupen, Malmedy und Neutral-Moresnet. Amtsgerichte wurden in Eupen, Malmedy und St. Vith eingerichtet.[38].

Der Landgerichtsbezirk Aachen war zuständig für 777.556 Einwohner und verfügte bei der Einrichtung des Sondergerichts über einen Präsidenten, 4 Landgerichtsdirektoren und 20 Landgerichtsräte. Bei der Staatsanwaltschaft waren 1 Oberstaatsanwalt, 2 Erste Staatsanwälte und 10 Staatsanwälte tätig, insgesamt gesehen eine relativ kleine Gerichtseinheit.[39]

Die Tätigkeit des Sondergerichts Aachen wurde durch die Kriegseinwirkungen und Bombenangriffe sehr beeinträchtigt.[40] Die Motivation der Richter sank mit zunehmender Kriegsdauer. Viele Richter waren zur Wehrmacht eingezogen worden. Die Personaldecke wurde immer dünner. Auch die Sonderrichter mussten sich einschränken. Anklagen wurden verspätet erhoben. Es bestand ein erheblicher Mangel an Papier. Das Personal wurde knapp. Manche Akten wurden durch Bombentreffer vernichtet und die Verfahren dadurch vorläufig zum Ruhen gebracht. Es entstanden auch Raumprobleme durch Bombenschäden am Gerichtsgebäude. Der Luftkrieg und die vorrückende Front der Alliierten brachten den Gerichtsalltag im Laufe des Jahres 1944 ins Stocken.[41] Zudem war der Geschäftsanfall eingeschränkt. Viele Sitzungen wurden vertagt bzw. Verfahren wurden eingestellt, weil die persönliche Anwesenheit der Angeklagten nicht gewährleistet werden konnte.[42]

Im Zuge der Zwangsräumung Aachens im September 1944 zog das Sondergericht Aachen von der Kongreßstraße 11 in Aachen nach Düren zum dortigen Amtsgericht, das zu dieser Zeit aber auch nur 10 km von der Front entfernt war und häufig unter Artilleriebeschuss stand.[43]

Nach dem schweren Bombenangriff am 16. November 1944 auf Düren konnte das Aachener Sondergericht dort nicht mehr weiterarbeiten und verlegte seinen Sitz nach Bergheim und später nach Siegburg.[44]

---

38 Nach der Besetzung Belgiens durch deutsche Truppen wurden die durch den Versailler Vertrag an Belgien abgetretenen Gebiete durch Erlass vom 18. Mai 1940 – RGBl.I. 1940, S. 777 – in das Deutsche Reich zurückgeführt.

39 Handbuch der Justiz, 1942 ,S. 158.

40 *Manthe*, Richter, S. 108 ff.

41 *Manthe*, Richter, S. 114-117.

42 *Vurgun*, Staatsanwaltschaft, S. 30.

43 *Manthe*, Richter, S. 120.

44 *Manthe*, Richter, S. 120,121,129; LAV NRW, R, Rep. 255/215.

Der Bombenkrieg entpuppte sich als der entscheidende Faktor, der den richterlichen Arbeitsalltag spätestens ab 1944 prägte. Der Abriss der Kommunikation, der Zusammenbruch des Verkehrs, die Zerstörung von Büros und Arbeitsstellen verursachten Chaos und Unübersichtlichkeit. Das System kollabierte zwar nicht, was unter anderem daran lag, dass trotz individueller Absetzerscheinungen keine vollständige Auflösung gesellschaftlicher Strukturen stattfand. Eine allumfassende Mobilisierung für den „totalen Krieg", wie sie den Nationalsozialsten in den letzten Monaten des Krieges vorschwebte, machte der Luftkrieg aber unmöglich. Er stärkte eher das Bestreben der Bevölkerung, sich um ihre individuellen Belange zu kümmern.[45]

Am 14. Februar 1945 – 13 S Ls 10/45 – tagte das Sondergericht Aachen – insoweit nach den vorgefundenen Akten zum letzten Mal – in Siegburg unter Vorsitz von Landgerichtsdirektor Fritz und dem Beisitzer Amtsgerichtsrat Popp sowie Assessor Dr. Fischer als Beamter der Staatsanwaltschaft im Verfahren gegen die Näherin Anna Delhasse, geb. Kollette aus Malmedy. Ihr wurde in drei Fällen gewerbsmäßige Abtreibung vorgeworfen. Im Urteil ist ausgeführt:

> Die Angeklagte hat in den Jahren 1940 bis 1944 in drei Fällen die Leibesfrucht anderer Frauen abgetrieben und in vier Fällen abzutreiben versucht und dafür Entgeld angenommen. Sie wird daher zu einer Gesamtzuchthausstrafe von 7 Jahren verurteilt. Die Ehrenrechte werden ihr auf 5 Jahre aberkannt.[46]

II. Die Richter und Staatsanwälte des Sondergerichts Aachen

1. Überblick und Erstbesetzung

Die Richter am Sondergericht Aachen wurden nach Angaben des Landgerichtspräsidenten Hermanns in Aachen

> mit besonderer Sorgfalt ausgewählt. Es sind nur solche Männer vorgeschlagen und bestellt worden, die neben fachlicher Tüchtigkeit innere Entschiedenheit besitzen, auch hart zupacken können, wo es nötig ist, aber auch gründlich und gewissenhaft, nicht um des Lobes willen arbeiten und die vor allem durch eine untadelige dienstliche und private Führung die Gewähr dafür bieten, dass sie keinerlei Rücksicht zu nehmen haben, so dass sie an sich eher geneigt sein müssten, Verstöße besonders streng aufzufassen und zu ahnden. Man kann ihnen also

---

45 *Manthe*, Richter, S. 129.

46 Sitzung des Sondergerichts Aachen in Siegburg am 14. Februar 1945 - 13 S Ls 10/45 – in der Besetzung Fritz, Popp und als Staatsanwalt Dr. Fischer.; LAV NRW, R, Rep. 113/200.

> schon ein unbefangenes um den Erfordernissen der Gemeinschaft genügendes Urteil zutrauen.[47]

Mit Schreiben vom 20. Februar 1941[48] an den Oberlandesgerichtspräsidenten in Köln schlägt Landgerichtspräsident Hermanns folgende Richter für die Erstbesetzung des Sondergerichts vor:

> Landgerichtsdirektor Hoffmann als Vorsitzenden,
> als dessen Vertreter Landgerichtsdirektor van Wersch,
> als Beisitzer Amtsgerichtsrat Küster und Landgerichtsrat Erbel,
> als Vertreter für Amtsgerichtsrat Küster den Landgerichtsrat Dr. von der Weiden und als Vertreter für Landgerichtsrat Erbel den Landgerichtsrat Paulus.

Im Jahre 1941 bleibt es bei dieser Besetzung.

Es handelte sich hierbei um durchweg erfahrene Richter, die schon lange im Justizdienst tätig waren.[49]

In der Regel – zumindest während der Dienstzeit des Landgerichtspräsidenten Hermanns – waren sie keine aktiven und bedingungslosen Parteigänger der NSDAP. Hermanns orientierte sich in personalpolitischen Fragen weniger an politischen Kriterien als am Fachbeamtenprinzip.[50] Es wurden vernünftig denkende, charakterfeste Richter eingesetzt.[51]

Auf Grund der personellen Kapazität des Landgerichts Aachen[52] kann davon ausgegangen werden, dass fast alle Strafrichter bei dem Sondergericht eingesetzt wurden. Mit zunehmender Kriegsdauer wurde die Besetzung des Gerichts durch Einberufungen zur Wehrmacht immer dünner.

Der Generalstaatsanwalt in Köln benennt mit Verfügung vom 17. Februar 1941 als Anklagevertreter bei der Anklagebehörde des Sondergerichts in Aachen folgende Staatsanwälte:[53]

Staatsanwalt Dr. Höher und als dessen Vertreter Staatsanwalt Zimmerath sowie als Sachbearbeiter der vor das Sondergericht zu bringenden Kriegswirtschaftssachen Staatsanwalt Dr. Marx und als dessen Vertreter Staatsanwalt Dr. Höher, Wickmann und Ackermann.

---

47 LAV NRW, R, Rep. 255/174; Lagebericht des Landgerichtspräsidenten Aachen an den Oberlandesgerichtspräsidenten Köln vom 28. Februar 1942.

48 LAV NRW, R, Rep. 255/213, S 58.

49 Vgl. unten 5. Kapitel.

50 *Angermund*, Deutsche Richterschaft, S. 55.

51 *Wolffram/ Klein*, Rechtspflege in den Rheinlanden, S. 242.

52 Vgl. oben 3. Kapitel, I, 3.

Ob die am Sondergericht Aachen tätigen Richter handverlesene, überzeugte Nazi-Juristen waren, kann nicht abschließend geklärt werden, ist aber eher unwahrscheinlich. Dagegen waren die am Sondergericht tätigen Staatsanwälte linientreue Nazis.[54]

2. Kontinuität und Fluktuation der Richter und Staatsanwälte

Mit Blick auf den Zeitraum der richterlichen Tätigkeit ist anzumerken, dass eine umfassende Neubesetzung für bestimmte Jahre nicht festzustellen ist. Versetzungen aus politischen Gründen sind nicht nachzuweisen. Eine gewisse Fluktuation war in den ersten Jahren vereinzelt durch Einberufung zur Wehrmacht, erst nach dem Ausscheiden des Landgerichtspräsidenten Hermanns und des OLG-Präsidenten Bergmann in vermehrter Zahl festzustellen, wobei nicht nachzuweisen ist, dass diese „Umbesetzungen“ politisch“ oder wegen „zu milder Urteile“ bedingt waren. Im Laufe des Krieges wurden immer wieder Richter und Staatsanwälte zum Sondergericht abgeordnet, wobei auch eine personelle Unterstützung aus dem Bereich der Landgerichte Köln und Bonn stattfand.[55] Im Jahr 1941 bleibt es bei der oben angegebenen Geschäftsverteilung.

Das ändert sich im Jahr 1942. Landgerichtspräsident Hermanns teilt dem OLG-Präsidenten die Besetzung des Sondergerichts für das Jahr 1942 wie folgt mit:

> Vorgeschlagen wird als Vorsitzender Herr Landgerichtsdirektor Howahrde, als dessen Vertreter der Landgerichtsdirektor van Wersch und als zweiter Vertreter der Amtsgerichtsrat Küster, als Beisitzer der Amtsgerichtsrat Küster und die Landgerichtsräte Erbel und Paulus. Im Falle der Verhinderung von zwei der genannten Beisitzer bringe ich als weitere Beisitzer Landgerichtsrat von der Weiden, Landgerichtsrat Dr. Dünnwald und Landgerichtsrat Kessel in der angegebenen Reihenfolge in Vorschlag[56].

Mit Verfügung vom 17. April 1942 des Landgerichtspräsidenten[57] wird wegen der Einberufung der Landgerichtsräte Erbel und Paulus zum weiteren ständigen Beisitzer Landgerichtsrat Dr. Wilbert vorgeschlagen. Als weiterer Vertreter der ständigen Mitglieder soll Gerichtsassessor Dr. Keutgen bestellt werden.

---

53 LAV NRW, R, Rep. 255/213, S 66.

54 *Vurgun*, Staatsanwaltschaft, S. 132 f.

55 Vgl. die Liste der Richter und Staatsanwälte unten 5. Kapitel sowie die Verfügungen des LG-Präsidenten Hermanns LAV NRW, R, Rep. 255/214, Rep. 255/215.

56 Ebenda, S. 1.

57 Ebenda, S. 5.

Im weiteren Jahreslauf werden die Landgerichtsräte Dr. Schmitz, Kuhnert, Dr. Zain und Amtsgerichtsrat Dr. Sieberg als stellvertretende Beisitzer und Landgerichtsdirektor Dr. Fritz als weiterer stellvertretender Vorsitzender bestellt.[58]

Nachfolgend wird eine Liste der Richter am Sondergericht Aachen, ausgewertet aus den Verfügungen des Landgerichtspräsidenten und des Oberlandesgerichtspräsidenten, aufgestellt:

1941	LGD Hoffmann	LGD van Wersch	AGR Küster
			LGR Erbel
			LGR v.d. Weiden
			LGR Paulus
1942	LGD Howahrde	LGD van Wersch	AGR Küster
			LGR Erbel
			LGR Paulus
			LGR v.d. Weiden
			LGR Dr. Dünnwald
			LGR Kessel
17.4. 1942	LGR Howahrde	LGD van Wersch	AGR Küster
		AGR Küster	LGD v.d. Weiden
		LGD Dr. Fritz	LGD Dr. Wilbert
			GA Dr. Keutgen
			LGR Dr. Schmitz
			LGR Kuhnert
			LGR Dr. Zain
			AGR Dr. Sieberg

58 Ebenda, S. 7 f.

1943	Sondergericht I		
	LGD Dr. Fritz	LGD Dr. Losenhausen	AGR Küster
			LGR Kuhnert
			LGR Dr. Zain
			LGD v.d. Weiden
			LGD Dr. Dünnwald
			AGR Engels
1943	Sondergericht II		
	LGD Dr. Losenhausen	LGD Dr. Fritz	LGD Dr. Kessel
			LGD Dr. Keutgen
			LGR Dr. Zain
1944	LGD Dr. Noessel	LGR Schwengers	LGR Schwengers
		LGD Dr. Fritz	AGR Ropohl
			GA van Kempen
			AGR Wirz
			LGR Dr. Keutgen
			LGR Dr. Dünnwald
			LGR Dr. Derksen

III. Die Wiedereinrichtung der Justiz nach 1945

Mai 1945, der Zweite Weltkrieg ist zu Ende. Millionen Tote, Soldaten und Zivilisten, Millionen Opfer eines Völkermordes, der einmalig in der Geschichte ist. Deutschland liegt in Schutt und Asche.

Der Krieg endete mit der vollkommenen Niederlage des nationalsozialistischen Regimes. Das „Tausendjährige Reich“ dauerte nur 12 Jahre. Zum Schluss standen Chaos, Elend, Not und Zerstörung.

Das Ende des Krieges war auch das Ende der deutschen Justiz. Funktioniert hatte sie bis zuletzt – und teilweise darüber hinaus. Wo die Sieger einmarschiert waren, hatten sie sofort die Gerichte geschlossen,[59] und das Personal[60] nach Hause geschickt. Es herrschte Stillstand der Rechtspflege. [61]

Beim Einmarsch der Alliierten begannen schon Irritationen. Golo Mann, der als amerikanischer Soldat mit dabei war, schrieb:

> Mit ungläubigem Staunen fanden die Alliierten, dass es in dem Land, das zwölf Jahre vom Nationalsozialismus regiert worden war, eigentlich überhaupt keine Nationalsozialisten gab.[62]

Mit dem Wort „eigentlich" lässt er offen,

> ob sich die Nazis tarnten und versteckten oder ob mit dem Ende des Dritten Reiches und mit Hitlers Tod auch der Nationalsozialismus in den Köpfen der Menschen zerstob.[63]

Die Sieger wussten die Juristen der Nazi–Zeit einzuschätzen. Jeder Jurist hatte damals wie heute die Gesetzessammlung „Schönfelder" auf dem Schreibtisch. Nummer 1 dieser bis heute bestens bekannten Sammlung war das Parteiprogramm der NSDAP. Und das BGB war damals – wie heute – die Nummer 20. Warum? Weil die Nummern davor mit den wichtigsten Nazi–Gesetzen – die „Nürnberger Gesetze" eingeschlossen – belegt waren.[64] Die Justiz war eine unverzichtbare Säule des Nationalsozialismus.[65]

Mit dem Einmarsch der Alliierten war es zunächst zu einem Stillstand der Rechtspflege gekommen. Denn Dwight D. Eisenhower hatte im Herbst 1944 die Proklamation Nr. 1 der Militärregierung erlassen:

> Alle deutschen Gerichte innerhalb des besetzten Gebietes . ... werden bis auf weiteres geschlossen.[66]

Die Sondergerichte wurden ebenso wie der Volksgerichtshof mit einer Proklamation des alliierten Kontrollrates abgeschafft.[67]

---

59 Militärregierung- Deutschland, Kontrollgebiet des Obersten Befehlshabers, Proklamation Nr. 1, in: Bundesminister der Justiz, Katalog 1989, S. 353ff.

60 90 % des Justizpersonals wurden entlassen: vgl. Aufbau der Justiz, Abschnitt 1.1

61 Katalog 1989, S. 353 ff.; vgl. auch Benzler, Perels, NS-Euthanasie vor Gericht, S. 22: weniger als tausend Beamte wurden am Ende aus dem öffentlichen Dienst ferngehalten. Alle anderen waren wieder in Amt und Würden.

62 *Mann*, Deutsche Geschichte, S. 923.

63 *Schörken*: Jugend 1945, S. 7.

64 *Wrobel*, Verurteilt zur Demokratie, S. 191.

65 *Krumsiek*, Nationalsozialismus und Justiz, Einführung S. 11; *Kastner*, Unrechtsurteile, S. 35.

Die Militärregierung erließ darüber hinaus aus gutem Grund „Allgemeine Anweisungen an Richter Nr. 1", in denen unter anderem vorgegeben wurde:

> Es ist die Absicht der Militärregierung, zu der Wiedererrichtung des Rechtsstaates in Deutschland und der Wiederherstellung der Würde und der Unabhängigkeit der deutschen Rechtspflege beizutragen. Jeder Versuch einer Fortsetzung der Rechtlosigkeit und der Willkür der nationalsozialistischen Weltanschauung wird auf das schwerste bestraft werden.[68]

Gleichzeitig wurde erklärt, dass eine Ermächtigung zur Vornahme der Amtsgeschäfte als Richter vorläufigen Charakter habe.

In der Kontrollratsproklamation Nr. 3 vom 20. Oktober 1945 heißt es einleitend:

> Mit der Ausschaltung der Gewaltherrschaft Hitlers durch die Alliierten Mächte ist das terroristische System der Nazigerichte abgeschafft worden. An seine Stelle muss eine Rechtspflege treten, die sich auf die Errungenschaften der Demokratie, Zivilisation und Gerechtigkeit gründet."

So erfolgte mit Zustimmung der Militärregierung nach und nach eine Wiedereröffnung der Gerichte. Im August 1945 waren in der Britischen Zone wieder 14 Landgerichte und 85 Amtsgerichte tätig.[69] Oberste Instanz innerhalb des britischen Kontrollgebietes waren zunächst die 8 Oberlandesgerichte, deren Präsidenten – allesamt durch die Nazi-Zeit unbelastet[70] – als oberste Justizorgane neben judikativen auch administrative Aufgaben wahrzunehmen hatten.[71]

Die Oberlandesgerichtspräsidenten waren insbesondere mit weitgehenden Befugnissen im Bereich der Ernennung des Justizpersonals ausgestattet.[72]

IV. Die Entnazifizierung der Juristen

In Potsdam hatten die Regierungschefs der drei Hauptalliierten im Sommer 1945 den personellen Rahmen des Entnazifizierungsprozesses abgesteckt und dekretiert:

---

66 Militärregierung-Deutschland, Kontrollgebiet des obersten Befehlshabers, Proklamation Nr. 1.

67 Proklamation Nr. 3 des Kontrollrates vom 20. Oktober 1945, Amtsblatt des Kontrollrates Nr. 1, S. 22.

68 BArch. Koblenz Z 21/49.

69 *Zimmermann*, Der Oberste Gerichtshof für die Britische Zone, S 159.

70 *Broszat*, Siegerjustiz, S. 508.

71 *Zimmermann*, ebenda; *Broszat*, ebenda, S. 509.

72 *Heilbronn*, Aufbau, S. 5 ff.

> Alle Mitglieder der nazistischen Partei, welche mehr als nominell an ihrer Tätigkeit teilgenommen haben .... sind aus den öffentlichen oder halböffentlichen Ämtern und von den verantwortlichen Posten in wichtigen Privatunternehmen zu entfernen. Diese Personen müssen durch Personen ersetzt werden, welche nach ihren politischen und moralischen Eigenschaften fähig erscheinen, an der Entwicklung wahrhaft demokratischer Einrichtungen in Deutschland mitzuwirken.[73]

Paralell zu einer Entlassungswelle nach Schließung der Gerichte nahmen die Alliierten die höheren Funktionsträger der Justiz in Haft und wiesen sie in Internierungslager ein.[74]

Die zunächst rigorose Entnazifizierungspolitik brachte die Alliierten in große Bedrängnis. In der Zeit der Flüchtlingsströme und Schwarzmärkte drohte die Kriminalität auszuufern, während die benötigten Richter einfach nicht zur Verfügung standen. Die Besatzungsoffiziere der westlichen Zonen griffen zunächst auf unbelastete Rechtsanwälte zurück, außerdem beriefen sie Richter, die vor 1933 bereits pensioniert waren. Doch auch mit solchen Maßnahmen liess sich der Personalmangel an den Gerichten nicht ausgleichen und für die Ausbildung der Justizelite im Schnellverfahren – wie dies in der sowjetischen Besatzungszone der Fall war – und den sogenannten Volksrichtern juristisch Grundwissen zusammen mit der entsprechenden antifaschistischen Gesinnung vermittelt wurde – fehlte im Westen der politische Wille. Ohne auf den Widerstand der Militärregierung zu stoßen, konnte die neu aufgebaute deutsche Justizverwaltung stattdessen das sogenannte Huckepack-Verfahren durchsetzen: Für jeden nicht belasteten Richter durfte fortan ein belasteter eingestellt werden.[75]

Im Juni 1946 entfiel aber selbst diese Einschränkung. Die westlichen Siegermächte revidierten ihre Richtlinien insoweit, dass alle früheren Juristen, die das Entnazifizierungsverfahren durchlaufen hatten, in den Dienst zurückkehren konnten. Dies bedeutete mehr oder weniger die Renazifizierung der Justiz in den Westzonen. Insbesondere traf dies in personeller Hinsicht zu: Nach diesem Dammbruch setzte der Rückfluss der Mehrheit des ehemaligen Justizpersonals ein. Bald wurden selbst Richter am Volksgerichtshof und an den Sondergerichten als Mitläufer entnazifiziert.[76]

---

73 Potsdamer Protokoll, zitiert nach *Benz, Wolfgang*, Potsdam 1945, Besatzungsherrschaften und Neuaufbau im Vier-Zonen-Deutschland, S. 171 bzw. Dokument 1.

74 *Hüttenberger*, Nordrhein-Westfalen, S. 391.

75 *Wenzlau*, Wiederaufbau der Justiz, S. 130; Ehrich,Wiedereinstellung der Juristen, S. 20 f.

76 *Broszat*, Siegerjustiz, S. 513 f.

Möglich wurde dies nicht zuletzt durch die Verordnung des Zental-Justizamtes für die Britische Zone vom 4. Januar 1949. Sie gab den Landesjustizverwaltungen die Befugnis,

> Richter, die im Entnazifizierungsverfahren in die Kategorien III, IV, und V eingestuft und nach dem 8. Mai 1945 weder in ihre frühere noch eine andere Planstelle eingewiesen worden waren, aber Ansprüche aus ihren früheren Amtsstellungen behalten hatten, in eine gleichwertige Planstelle innerhalb oder außerhalb der Justiz einzuweisen oder aber in den Wartestand zu versetzen.[77]

Einreihungsbescheide der deutschen Justizverwaltung sorgten danach dafür, dass die Juristen der Nazizeit nahezu allesamt wieder in Amt und Würden kamen.

Das von Konrad Adenauer gern zitierte Sprichwort: „man kann schmutziges Wasser nicht wegschütten, solange man kein sauberes hat“, beschreibt im Rückblick nur allzu genau die Personalpolitik beim Wiederaufbau der westdeutschen Justiz in der Nachkriegszeit. Da ein echter Neuanfang mit den wenigen unbelasteten Juristen nicht realisierbar schien, wurde unter Hinweis auf die Funktionstüchtigkeit der Rechtspflege das alte Justizpersonal aktiviert.

---

77 *Broszat*, Siegerjustiz, S. 515 f.; die Verordnung ist veröffentlicht im Zentral-Justizblatt für die Britische Zone, Heft 1, 1949, S. 15.

4. Kapitel:
Die Rechtsprechung des Sondergerichts Aachen

I. Vorbemerkung

Die im Hauptstaatsarchiv NRW und im Bundesarchiv Berlin befindlichen 680 Akten des Sondergerichts Aachen verteilen sich auf verschiedene Delikte:

Die einzelnen Fälle ergeben sich aus der in der bei Vurgun[1] dokumentierten Statistik wobei die wesentlichen Delikte sich auf die tragenden Vorschriften des Kriegsstrafrechts,[2] nämlich VVO, KWVO, RundfunkVO, HeimtückeG und allgemein auf Vermögensdelikte bezogen.

Insgesamt 13 Todesurteile gegen 16 Personen werden im 4. Kapitel unter III. beschrieben.

Besondere Fälle werden im 4. Kapitel unter II. behandelt Alle weiteren Entscheidungen ergeben sich aus der zusammenfassenden Analyse Vurguns.[3]

Dabei ist darauf hinzuweisen, dass neben dem Sondergericht auch die Amtsgerichte im Landgerichtsbezirk Strafsachen aburteilten: Eine Statistik aus dem Jahre 1943 belegt, dass das Landgericht Aachen insgesamt 189 erstinstanzliche Urteile und 51 Urteile in Berufungsverfahren verkündete, das Sondergericht nach dem vorliegenden Aktenverzeichnis demgegenüber in 134 Verfahren tätig wurde. Nicht berücksichtigt sind die vor den Amtsgerichten geführten Verfahren. Auch die Amtsgerichte waren u.a. für Kriegsdelikte zuständig. Insoweit werden für das Amtsgericht Aachen für das Jahr 1943 insgesamt 1882 Urteile dokumentiert.[4]

Das Protokoll wurde auf dem Formular für Strafkammern gezeichnet. Beweisaufnahmen wurden generell durchgeführt. Beweisanträge der Verteidiger wurden geprüft und in der Regel angenommen.

Das Sondergericht Aachen tagte in der Kongreßstraße im Sitzungssaal 34, dem damaligen Schwurgerichtssaal.

---

1 *Vurgun*, Staatsanwaltschaft, Anhang, sowie Tabelle 56.

2 *Werle*, Strafrecht als Waffe, S. 953.

3 *Vurgun*, Staatsanwaltschaft, ebenda.

4 OLG Köln, Hauptgeschäftsübersicht für das Jahr 1943, 1441 VI, zitiert nach Manthe, Richter, S. 134,135.

https://doi.org/10.1515/9783110603125-005

Die Form der Urteile ist von justizieller Normalität. Die Urteilsgründe wurden ausführlich dargestellt und in ihrer Mehrzahl klar gegliedert. Die Ausführungen zur Strafzumessung waren eingehend und differenziert. Die Sprache war zu einem geringen Teil politisiert und abwertend.

Die Urteile vermitteln insgesamt den Eindruck juristischer Normalität Der Eindruck eines Scheinprozesses bestand in keinem Falle.

Es konnte festgestellt werden, dass die bestehenden Normen der StPO, des GVG und der zahlreichen Verordnungen für Strafverfahren weitgehend beachtet wurden. Die Rechtsprechung des Sondergerichts Aachen wurde allgemein als zu milde beurteilt.[5]

Im Folgenden soll die Rechtsprechung an konkreten Fällen ohne rechtliche Wertung dargestellt und verdeutlicht werden:

II. Kriegsstrafrecht

1. Vorbemerkung

Im Krieg fand der Nationalsozialismus zu sich selbst, jetzt erreichte er sein eigentliches Ziel, seine eigentliche Bestimmung: Gewalt, Kampf, Terror.

Mit Beginn des Krieges wurde die Zuständigkeit der Sondergerichte erheblich erweitert. Verschiedene Sonderstrafrechtsverordnungen wie die „Verordnung über außerordentliche Rundfunkmaßnahmen“ und die „Kriegswirtschaftsverordnung“ wurden bereits Anfang September 1939 erlassen, um die Kriegsanstrengungen auch an der „inneren Front“ zu stärken.

Die Kriegswirtschaftsverordnung vom 4. September 1939[6] stellte als Einleitung fest:

> Die Sicherung der Grenzen unseres Vaterlandes erfordert höchste Opfer von jedem Deutschen Volksgenossen. Der Soldat schützt mit der Waffe unter Einsatz seines Lebens die Heimat. Angesichts der Größe dieses Einsatzes ist es selbstverständliche Pflicht jedes Volksgenossen in der Heimat, alle seine Kräfte und Mittel Volk und Reich zur Verfügung zu stellen und dadurch die Fortführung eines geregelten Wirtschaftslebens zu gewährleisten. Dazu gehört vor allem auch, dass jeder Volksgenosse sich die notwendigen Einschränkungen in der Lebensführung und Lebenshaltung auferlegt.

---

5 *Herbers*, Organisationen, S 185; *Vurgun*, Staatsanwaltschaft, S. 206.

6 RGBl. I 1939, S. 1609.

Der wichtigste neue Strafrechtsbereich beschäftigt sich mit den Verbrechen gegen die sogenannte „Volksschädlingsverordnung" vom 5. September 1939, die alle unter Ausnutzung der Kriegsumstände begangenen Verbrechen unter erheblich verschärfte Strafen stellten. Durch die Verordnung über die Zuständigkeit der Strafgerichte, die Sondergerichte und sonstige strafverfahrensrechtliche Vorschriften vom 21. Februar 1940[7] wurde die Zuständigkeit der Sondergerichte erweitert. Es wurde in § 14 die Möglichkeit geschaffen, jedes beliebige Verbrechen vor einem Sondergericht anzuklagen. Damit erhielten die Sondergerichte eine wesentlich größere Bedeutung im Bereich der allgemeinen Strafgerichtsbarkeit. Der erhöhte Arbeitsanfall führte bald dazu, dass neue Sondergerichte, auch das Sondergericht Aachen, eingerichtet wurden. Gleichwohl belegen die oben präsentierten Zahlen, dass in Aachen das Sondergericht nur zu einem kleineren Teil an der Kriegsstrafrechtspflege beteiligt war.[8]

2. Kriegswirtschaftverordnung (KrWVO)

a) Vorbemerkung

Einen Schwerpunkt des Kriegsstrafrechtes bildete die KrWVO. Durch sie sollten die Kriegsanstrengungen auch an der inneren Front gestärkt werden.

Wesentlich für die Praxis war § 1 Abs. 1 der Kriegswirtschaftsverordnung vom 4. September 1939[9]. Die Bestimmung lautete:

> Wer Rohstoffe oder Erzeugnisse, die zum lebenswichtigen Bedarf der Bevölkerung gehören, vernichtet, zur Seite schafft, oder zurückhält und dadurch böswillig die Deckung dieses Bedarfs gefährdet, wird mit Zuchthaus oder Gefängnis bestraft. In besonders schweren Fällen kann auf Todesstrafe erkannt werden.

Zweck der Vorschrift war die Sicherung des lebenswichtigen Bedarfs und die gerechte Verteilung der vorhandenen knappen Güter und damit die Absicherung eines geregelten Wirtschaftslebens. Die meisten Fälle betrafen „Schieber", „Schwarzschlachter" und „Schwarzhändler".

Es sollen nachfolgend besondere Einzelfälle beschrieben werden. Dabei ist darauf hinzuweisen, dass eine vergleichende Untersuchung unterbleibt, weil auf Grund der vorliegenden umfangreichen Forschungen zur Tätigkeit der Sondergerichte neuere Erkenntnisse nicht zu erwarten sind. Der Verfasser

7 RGBl. I, 1940, S. 405.

8 Vgl. oben 4. Kapitel, I.

9 RGBl. I, 1939, S.1609.

beschreibt daher besonders markante und illustrative Fälle und auch die Verfahren, die mit einem Todesurteil endeten.

b) Besondere Fälle

Hausschlachtung

Mit Urteil vom 4. Juni 1942 wurde der Möbeltransporteur Jakob van der Vlugt, Düren, Gutenbergstraße 26, geboren am 28. November 1884, niederländischer Staatsangehöriger, wegen eines Verbrechens nach § 1 Abs. 1 der KrWVO vom 4. September 1939 in Tateinheit mit einem Vergehen gemäß § 2 Abs. 2 Ziff. 3 Absatz 4 der Verbrauchsregelungs-Strafverordnung vom 26. November 1941 zu einer Gefängnisstrafe von 5 Monaten unter Anrechnung der erlittenen Untersuchungshaft verurteilt.[10]

Dem 62-jährigen Angeklagten wurde vorgeworfen, im Dezember 1941 in seinem Haus ein Schwein geschlachtet zu haben, ohne die erforderliche Genehmigung zu besitzen. Dieses Schwein hatte ein Schlachtgewicht von höchstens 60 kg. Es war zur Aufzucht nicht geeignet. Das Fleisch war zum Verzehr im Haushalt des Angeklagten bestimmt. Bei der Hausdurchsuchung wurden noch insgesamt 56,5 kg Fleischwaren aus der Schwarzschlachtung vorgefunden und beschlagnahmt.

Staatsanwalt Wickmann hielt das Strafmaß für zu gering und informierte den Reichsminister der Justiz, dass der Sitzungsvertreter eine Gefängnisstrafe von 1 Jahr beantragt hatte.

Aus der Akte ist nicht ersichtlich, ob die Beschwerde bei dem Reichsjustizministerium zu einer Abänderung des Urteils führte. Es wird aber davon ausgegangen, dass das Urteil Bestand hatte.

Metzgermeister als Schwarzschlachter

Bei diesem Verfahren ging es erneut um eine Schwarzschlachtung. Der Metzgermeister Heinrich Chantrain aus Welkenrath sowie weitere 5 Angeklagte

10 Sondergericht Aachen, 2 S Ls 52/42, LAV NRW, R, Rep. 113/82; beteiligte Richter waren Landgerichtsdirektor Howahrde als Vorsitzender, Landgerichtsrat Dr. Wilbert sowie Gerichtsassessor Dr. Keutgen als beisitzende Richter.

wurden vom Sondergericht Aachen am 12. Juni 1942 zu 3 Jahren Zuchthaus und weiteren Zuchthaus- bzw. Gefängnisstrafen verurteilt.[11]

Den Angeklagten wurde zur Last gelegt, in den Jahren 1940 – 1941 fortgesetzt Vieh, Kühe, Rinder, Kälber, Schweine schwarz, dass heißt ohne die Genehmigung des Ernährungsamtes und unter Verstoß gegen die Bestimmungen des Schlachtsteuergesetzes, geschlachtet zu haben. Verschiedene Angeklagte leisteten Beihilfe. Es ging um mehrere Fälle.

das verletzte Schwein

Am 21. Oktober 1941 standen die Gebrüder Metzgermeister Franz Hoffmann aus Wildenrath, geb. 5. Mai 1888 in Ratheim, und Landwirt Konrad Hoffmann, geb. 5. April 1892 in Wassenberg vor dem Sondergericht Aachen. Sie wurden von der Kammer gemäß § 1 KWVO, § 1 Abs, 1 Ziff 6 VerbrauchsregelungsstrafVO in Tateinheit mit § 395 AO zu 15 Monaten Zuchthaus (Franz) und 6 Mon Gefängnis (Konrad) verurteilt[12]

Den Angeklagten wurde vorgeworfen, ein am Bein verletztes Schwein mit einem Gewicht von 200 Pfund schwarzgeschlachtet zu haben. Im Urteil heißt es:

> Sie haben dadurch auch im Hinblick auf das erhebliche Gewicht des Tieres die Deckung des Fleisch- und Fettbedarfes gefährdet. Sie haben das auch böswillig getan, denn sie waren sich, wovon das Gericht überzeugt ist, bewusst, dass zur Durchhaltung des uns aufgezwungenen Kampfes und die Gestaltung unserer Zukunft, die geordnete Versorgung unseres Volkes unter allen Umständen gewährleistet sein muss und dass die Voraussetzungen durch Schwarzschlachtungen dieser Art ernsthaft gefährdet sind. Dennoch haben sie aus offensichtlich eigensüchtigen Gründen die Scharzschlachtungen ohne Rücksicht auf die Interessen der Allgemeinheit vorgenommen.

Bei der Bemessung der Strafe ging das Gericht davon aus,

> dass gerade die Versorgung in Fleisch und Fett eine angespannte ist und dass Schwarzschlachtungen daher im Interesse unserer Kriegsernährung mit allem Nachdruck entgegegengetreten werden muss. Die Schwarzschlachtungsfälle ha-

---

11 LAV NRW, R, Rep. Sondergericht Aachen, 2 S Ls 53 und 54/42. Vorsitzender war Landgerichtsdirektor Hohwarde, Beisitzer Landgerichtsrat Dr. Wilbert sowie Gerichtsassessor Dr. Keutgen; Beamter der Staatsanwaltschaft war Staatsanwalt Dr. Höher.

12 LAV NRW, R, Rep. 113/29; Urteil des Sondergerichts Aachen 2 S Ls 53/41 / S 103/41 vom 21. Oktober 1941 in der Besetzung Landgerichtsdirektor Hoffmann als Vorsitzender und Amtsgerichtsrat Küster sowie Landgerichtsrat Erbel als Beisitzer; Die Staatsanwaltschaft vertrat Staatsanwalt Dr. Höher.

ben sich wenigstens im Bezirk des hiesigen Sondergerichts derzeit vermehrt, dass auch aus Gründen der Abschreckung harte Strafen nötig sind.

Bei Franz Hoffmann wurde weiter berücksichtigt, dass er bereits wegen Schwarzschlachtung vorbestraft war.

Die Tatsache, dass er trotz dieser Bestrafung schon nach verhältnismäßig kurzer Zeit erneut ohne Hemmungen schwarz geschlachtet hat, zeigt, dass der Angeklagte ein gewissenloser Mensch ist, den jedes Gefühl der Gemeinschaft mit der vom Kriege betroffenen Volksgemeinschaft fehlt.

Ersatz für Lebensmittelkarten

Die Eheleute Paul Müller und Sibilla geb. Krischer hatten Ende August oder Anfang September 1942 in Merzenich im Keller ihrer Wohnung ein Schwein im Gewicht von etwa 90 kg schwarz geschlachtet. Es heißt dann weiter in der Anzeige,

dass für angeblich in Verlust geratene Lebensmittelkarten nur für 4 Personen Ersatz geleistet wurde. Es dürfte somit eine gewisse Notlage bestanden haben, die jedoch eine Schwarzschlachtung nicht rechtfertigt.[13]

Eheleute Müller wurden vom Sondergericht mit Urteil vom 5. Februar 1942 zu Gefängnisstrafen von 6 bzw. 8 Monaten verurteilt[14]

die Dürener Schwarzschlachter

Der größte Prozess gegen Schwarzschlachter fand in den Jahren 1942 und 1943 vor dem Sondergericht Aachen statt. Metzger aus Düren und Umgebung waren nach § 1 Abs. 1 KWVO in Tateinheit mit einem fortgesetzten Vergehen gegen den § 1 Abs. 1 Nr. 1 und 6 Verbrauchsregelungsstrafverordnung und wegen fortgesetzter Schlachtsteuerhinterziehung angeklagt und am 17. Januar 1942 zu langjährigen Zuchthausstrafen verurteilt worden. Der Angeklagte Richartz wurde zu 5 Jahren Zuchthaus, Weber und Geisser zu je 3½ Jahren Zuchthaus, Steffens zu 3 Jahren Zuchthaus und Bongartz zu 2½ Jahren Zuchthaus verurteilt. Außerdem wurden gegen alle Angeklagten Geld- und Wertersatzstrafen verhängt. Die bürgerlichen Ehrenrechte wurden auf die Dauer von

13 LAV NRW, R, Rep. 113/317.

14 LAV NRW, R, Rep. 113/317; Urteil des Sondergerichts Aachen vom 5. Februar 1943 in der Besetzung Amtsgerichtsrat Küster als Vorsitzender, Landgerichtsräte Schwengers und Kuhnert als Beisitzer, Staatsanwalt Zimmerath als Vertreter der Anklage.

5 Jahren aberkannt, und es wurde ein Berufsverbot auf die Dauer von 3 Jahren ausgesprochen[15].

Auf die Nichtigkeitsbeschwerde des Oberreichsanwalts hat das Reichsgericht dieses Urteil im Strafausspruch aufgehoben und die Sache zur neuen Verhandlung und Entscheidung an das Sondergericht Aachen zurückverwiesen.[16]

Aufgrund der erneuten Hauptverhandlung vom 15. April 1943 stellte das Sondergericht folgendes fest:

> Die Angeklagten stehen bis auf den Angeklagten Geisser im vorgerückten Alter. Geisser, Steffens und Bongard sind unbestraft. Richartz und Weber sind wegen eines Vergehens gegen das Lebensmittelgesetz geringfügig vorbestraft.
>
> Mit den Schwarzschlachtungen begannen die Angeklagten Richartz, Weber und Geisser etwa im August, der Angeklagte Steffens etwa im Juni 1940. Sie setzten die Schlachtungen bis zur Aufdeckung Anfang April 1941 fort. Der Angeklagte Bongartz begann nach den Schwarzschlachtungen unmittelbar nach Kriegsbeginn im September 1939.

Im Urteil wird dann weiter ausgeführt:

> Die Angeklagten wussten bei Begehung der Straftaten, dass der unserem Volke aufgezwungene Kampf um die Gestaltung seiner Zukunft nur durchgehalten und siegreich beendet werden kann, wenn unsere Versorungslage gesichert bleibt, und dass ihr Treiben dieses Ziel gefährdete.
>
> Der Angeklagte Richartz hat in die Familie seines Amtsbürgermeisters und die des örtlichen Gendarmerie-Wachtmeisters Fleisch ohne Marken geliefert. Da diese sich nicht scheuten, das Fleisch anzunehmen, hat er die Schwarzschlachtungen nicht für gar so schlimm gehalten.
>
> Insgesamt haben die Angeklagten als Allein- oder Mittäter folgende Tiere geschlachtet:
>
> Richartz: 19 Stück Großvieh, 5 Kälber, 27 Schweine, 25 Schafe
>
> Weber: 13 Stück Großvieh, 5 Kälber, 7 Schweine, 1 Schaf
>
> Geisser: 15 Stück Großvieh
>
> Steffens: 10 Stück Großvieh, 8 Kälber, 7 Schweine
>
> Bongartz: 9 Stück Großvieh, 4 Kälber, 7 Schweine
>
> Die Angeklagten haben dadurch ungewöhnlich große Mengen der öffentlichen Bewirtschaftung entzogen und der Allgemeinheit große Nachteile zugefügt. Gerade unsere Versorgungslage in Fleisch und Schlachtfetten war auch schon zur damaligen Zeit eine besonders angespannte. Eingriffe in der vorgenommenen Art

---

15 LAV NRW, R, Rep. 113/340.

16 LAV NRW, R, Rep. 113/ 339, 340.

waren daher besonders fühlbar. Die Angeklagten haben im Übrigen auch nicht allein die Fleisch- und Fettmengen der geschlachteten Tiere der Allgemeinheit entzogen, sondern auch die wertvollen Nebenprodukte, so zum Beispiel die Häute, die ganz besonders knapp waren.[17]

Die Strafkammer des Landgerichts Aachen hat nach dem Krieg die Angemessenheit der gegen die Dürener Schwarzschlachter verhängten Strafen überprüft. Im Vermerk vom 20. November 1948 wird Folgendes festgestellt:[18]

> Aufgrund der Nichtigkeitsbeschwerde des Oberreichsanwalts ist das Urteil am 16. April 1943 abgeändert worden. Richartz wurde mit 8 Jahren Zuchthaus, Weber und Geisser mit 7 Jahren Zuchthaus, Steffens mit 6 Jahren Zuchthaus und Bongartz mit 4 Jahren Zuchthaus verurteilt. Die Staatsanwaltschaft hat nun für die Zurückführung des Urteils auf Gefängnisstrafen von der Dauer der in dem ersten Urteil des Sondergerichts erkannten Zuchthausstrafen gem. Artikel 2 der Verordnung vom 3. Juni 1947 beantragt, weil die erkannten Freiheitsstrafen übermäßig hoch seien.

Das Landgericht führt weiter aus:

> Die im Urteil vom 16. April 1943 ausgesprochenen Freiheitsstrafen sind augenscheinlich übersetzt und wohl nur auf die Tatsache zurückzuführen, dass das erste Urteil im Wege der Nichtigkeitserklärung hinsichtlich des Strafausspruchs aufgehoben worden war. Die Strafen des Urteils vom 17. Januar 1942 sind zwar hoch, können jedoch nicht unbedingt als übermäßig hoch bezeichnet werden. Die Verurteilten haben ungewöhnlich große Mengen Vieh schwarzgeschlachtet, und zwar, wie das Urteil zutreffend feststellt, aus Gründen des persönlichen Vorteils. Gefängnisstrafen von der in dem Urteil vom 17. Januar 1942 ausgesprochenen Dauer erscheinen jedenfalls angemessen. Mit den Zuchthausstrafen entfällt die Aberkennung der bürgerlichen Ehrenrechte. Die gleichen Erwägungen, die die Umwandlung der Zuchthausstrafen rechtfertigen, rechtfertigen auch den Wegfall des Berufsverbots. Die übrigen Nebenstrafen aber lassen ebenso wenig wie die Geld- und Wertersatzstrafen eine Übersetzung erkennen.[19]

Eimer gegen Speck

Auch Bagatellen wurden vor dem Sondergericht verhandelt: Eine Landwirtin wollte im Haushaltswarengeschäft des M. in Kornelimünster einen emaillierten Eimer kaufen. M. wollte den Eimer nur gegen Speck tauschen. Dies nahm die Landwirtin zum Anlass, den M. anzuzeigen. Das Sondergericht Aachen – 2 S Ls 16/41 – 31/41 verurteilte M. am 15. Mai 1941 gemäß § 1 KrWVO zu einer

17 LAV NRW, R, Rep 113/339, 340; Urteil des Sondergerichts vom 15.04.1943 in der Besetzung Landgerichtsrat Fritz als Vorsitzender, Amtsgerichtsrat Küster und Landgerichtsdirektor Kuhnert als Beisitzer sowie Staatsanwalt Zimmerath als Anklagevertreter.

18 Vermerk vom 20. November 1948, LAV NRW, R, Rep.113/341, S. 418.

19 Ebenda.

Geldstrafe von 500 RM, weil er ein „unentbehrliches Gerät für die Landwirtschaft“ nicht verkaufen wollte. Dies sei eine „Vereitelung der gerechten Verteilung lebenswichtiger Güter“.[20]

Bemerkenswert ist die anschließende Stellungnahme des Generalstaatsanwalts, der einräumte:

> Die Anklage aus § 1 KrWVO erscheint mir nicht unbedenktlich, da eine Gefährdung der Bedarfsdeckung bei Nicht-Abgabe eines Eimers wohl kaum anzunehmen, zumindest aber das Bewusstsein einer solchen nur sehr schwer nachzuweisen sein dürfte. Offenbar ist die Anklage auch lediglich deshalb aus § 1 KrWVO erfolgt, weil das Verhalten des Angeklagten als sehr verwerflich zu bezeichnen, die Verbrauchsregels-Strafverordnung aber nicht anwendbar ist, da Eimer nicht zu den bezugsbeschränkten Erzeugnissen gehören.[21]

Offensichtlich ging die Staatsanwaltschaft bei diesem Verfahren von der Bestimmung des § 170a StPO, eingeführt durch das Änderungsgesetz vom 28. Juni 1935, aus.[22] Danach wurde die Staatsanwaltschaft zur Prüfung angehalten, „ob auf eine Tat, die nach gesunden Volksempfinden Betrafung verdient … , jedoch gesetzlich nicht ausdrücklich strafbewehrt war, der Grundgedanke eines Strafgesetzes zutrifft und … durch entsprechende Anwendung …. der Gerechtigkeit zum Siege verholfen werden konnte“.

3. Volksschädlingsverordnung (VVO)[23]

a) Vorbemerkung

Als im weiteren Verlauf des Krieges die alliierten Luftstreitkräfte begannen, durch Flächenbombardements deutscher Städte – auch im Aachener Bezirk – auf die Schwächung der Moral der Bevölkerung zu zielen, war für die Nationalsozialisten klar, dass man gegen Plünderung und weitere unter Ausnutzung der Kriegsumstände begangene Verbrechen besonders hart vorgehen musste. Es sollte erkennbar jenen Taten entgegengewirkt werden, die geeignet waren, den Abwehrwillen der Volksgemeinschaft im Kriege zu schädigen und das

---

20 LAV NRW, R, Rep. 113/15; Sondergericht Aachen in der Besetzung Landgerichtsdirektor Hoffmann, Amtsgerichtsrat Küster, Landgerichtsrat Erbel und Staatsanwalt Zimmerath; vgl. auch Vurgun,Staatsanwaltschaft, S. 47 ff.

21 Nicht datierte Stellungnahme des Generalstaatsanwalts an das Reichsjustizministerium, LAV NRW, R, Rep. 113, 15, S. 8.

22 RGBl.I, 1935, S. 844.

23 RGBl.I, 1939, S.1679.

Vertrauen der kämpfenden Front oder der Heimatfront zu schwächen; neben der Abschreckung und Sühne trat als neues Strafziel die „Reinigung des Volkskörpers" als eine den Nationalsozialismus kennzeichnende Form der Spezialprävention. Das Ziel der Ausrottung fand somit unmittelbar Eingang in das Strafrecht.[24]

Schon der Begriff „Volksschädling" lässt sprachlich anklingen, dass es um „Ausscheidung" und „Ausmerzung" ging, mithin um eine „Entlastung und Reinigung des Volkskörpers" durch das „Ausschalten oder Vernichten" von Personen.[25]

So kam die VVO zur Anwendung:

§ 1 Abs. 1 VVO drohte für Plünderung die Todesstrafe an. Die Bestimmung lautet:

> Wer in freigemachten Gebieten oder in freiwillig geräumten Gebäuden oder Räumen plündert, wird mit dem Tode bestraft.

§ 2 VVO regelte die Verbrechen bei Fliegergefahr, also insbesondere Delikte, die unter Ausnutzung von Verdunkelungsmaßnahmen begangen wurden.

Nach § 3 VVO wurde mit dem Tode bestraft, wer

> eine Brandstiftung oder ein sonstiges gemeingefährliches Verbrechen begeht und dadurch die Widerstandskraft des Deutschen Volkes schädigt.

§ 4 VVO stellte einen umfassenden Auffangtatbestand dar. § 4 VVO hatte den folgenden Text:

> Wer vorsätzlich unter Ausnutzung der durch den Kriegszustand verursachten außergewöhnlichen Verhältnisse eine sonstige Straftat begeht, wird unter Überschreitung des regelmäßigen Strafrahmens mit Zuchthaus bis zu 15 Jahren, mit lebenslänglichem Zuchthaus oder mit dem Tode bestraft, wenn dies das gesunde Volksempfinden wegen der besonderen Verwerflichkeit der Straftat erfordert.

Gerade durch diese Verordnung wird deutlich, dass während der Nazizeit rechtsstaatliche Grundsätze nicht mehr galten. Denn sie legte in § 5 fest:

> Die Verordnung gilt auch für Straftaten, die vor ihrem Inkrafttreten begangen sind.

Damit verstieß sie grundlegend gegen das jeden Rechtsstaat auszeichnende sogenannte Rückwirkungsverbot – nullum crimen sine lege –. Danach kann

---

24 *Werle*, Strafrecht als Waffe, S. 952, 954.

25 *Werle*, Justiz-Strafrecht, S.236; vgl. auch: OLG Köln, Beschluss vom 18. Januar 1994, 2 WS 294/92.

eine Tat nur bestraft werden, wenn die Strafbarkeit vor Begehen der Tat bestimmt war.

b) Besondere Fälle

Diebstahl im Luftschutzkeller

In der Nacht vom 17. zum 18. Juli 1941 wurde in Stolberg wegen des Einfluges feindlicher Krieger Fliegeralarm gegeben. Die Angeklagte Waldmann begab sich daraufhin mit ihren Kindern in einen zu Luftschutzzwecken freigegebenen Bunker. In diesem hatte sich auch die in ihrer Nachbarschaft wohnende und ihr gut bekannte Zeugin Ehefrau Wolkenar mit ihren Kindern begeben. Die beiden Frauen saßen in dem schwach erleuchteten Bunker zusammen. Nach einiger Zeit wurde einem der Kinder der Zeugin Wolkenar übel, so dass die Zeugin mit den Kindern an die frische Luft gehen musste. Als sie hinausging, legte sie ihre Handtasche auf den Kinderkorb der Angeklagten. Als die Zeugin dann mit ihren Kindern wieder in den Bunker zurückkam, überzeugte sie sich, ob noch alles in der Handtasche war, in der sie auch ihr gesamtes bares Geld in Höhe von 42 Reichsmark mitgenommen hatte. Als sie noch alles vorfand, äußerte sie laut: „Es ist noch alles drin". Sie reichte darauf die Handtasche der Angeklagten, die sie wieder auf den Kinderkorb legte. Als dann die Zeugin Wolkenar abermals den Bunker verlassen musste, weil es einem ihrer Kinder übel geworden war, nutzte die Angeklagte die Gelegenheit und entwendete aus der Handtasche der Zeugin 32 Reichsmark.

Das Sondergericht stellte fest, dass Waldmann den Diebstahl unter Ausnutzung der zur Abwehr von Fliegergefahr getroffenen Maßnahmen begangen hat.

> „Durch die Tat hat die Angeklagte eine derart niedrige, gemeine und gemeinschaftswidrige Gesinnung an den Tag gelegt, dass sie auch nach ihrer ganzen Persönlichkeit und ihrer Vorstrafe als Volksschädling anzusehen und zu verurteilen ist." [26]

Das Sondergericht verurteilte die Angeklagte Waldmann zu 18 Monaten Zuchthaus.

---

26 LAV NRW, R, Rep. 113/33; Sondergericht Aachen, 2 S Ls 63/41 – S 128/41, Urteil vom 25. November 1941 in der Besetzung Landgerichtsdirektor Hoffmann, Amtsgerichtsrat Küster, Landgerichtsrat Erbel und Staatsanwalt Dr. Höher.

Vorder- und Hinterrad

Am 9. Dezember 1941 stand Josef Cremer aus Eupen vor dem Sondergericht. Er hatte auf einem Kasernengelände in Eupen das Vorder- und Hinterrad eines Fahrrades und in Welkenrath aus einem durch Bomben zerstörten Haus ein Radio im Wert von 50,00 Reichsmark entwendet.

Er wurde als Volksschädling zu 14 Monaten Zuchthaus verurteilt, weil er aus niedriger Gesinnung und unter Ausnutzung der Kriegszustände gehandelt habe.[27]

die Standuhr

Der Niederländer Johannes Maes aus Maastricht wurde als Mitarbeiter der Bauunternehmung Reuber in Kohlscheid vor allem für Aufräumungsarbeiten nach Fliegerangriffen eingesetzt.

Am 27. November 1941 entwendete er in der Schützenstraße in Aachen eine kleine Kienzle-Standuhr. Diese gehörte Fräulein Hansen. Maes wurde lediglich wegen Diebstahls verurteilt. Er erhielt eine Freiheitsstrafe – Gefängnisstrafe – von einem Jahr. Es heißt in der Urteilsbegründung:

> Es kann kein Zweifel darin aufkommen, dass die Straftat an sich vorsätzlich unter Ausnutzung der durch den Kriegszustand verursachten außergewöhnlichen Verhältnisse begangen wurde. Das Gericht glaubte dennoch von einer Anwendung des § 4 der Volksschädlingsverordnung vom 5.9.1939 absehen zu können, da das gesunde Volksempfinden [28]eine Überschreitung des regelmäßigen Strafrahmens im vorliegenden Falle nicht erfordert. Zwar war dem Angeklagten bekannt, dass es sich bei den, wenn auch materiell vielleicht nicht sehr wertvollen Ührchen, um das Hab und Gut von Menschen handelte, deren Vermögen durch Feindeinwirkung stärkste Einbuße erlitten hatte. Der Angeklagte ist jedoch Holländer. Ihm ist der Begriff der Volksgemeinschaft wie es Allgemeingut aller deutschen Volksgenossen geworden ist, unbekannt. Ihm ist auch die Vorstellung fremd, dass es in besonders hohem Maße verwerflich ist, dass unverschuldete Unglück eines Volksgenossen noch dadurch zu erhöhen, dass man sich an den letzten, was ihm noch verblieben ist, vergreift.

Auch in diesem Fall wurde eine Überprüfung im Rahmen der Nichtigkeitsbeschwerde angeregt. Der Oberreichsanwalt sah davon ab,

---

27 LAV NRW, R, Rep. 113/24; 2 S Ls 39/41- S 81/41, Urteil des Sondergerichts Aachen vom 9. Dezember 41 in der Besetzung Landgerichtsdirektor Hoffmann, Amtsgerichtsrat Küster,Landgerichtsrat Erbel und Staatsanwalt Dr. Höher.

28 LAV NRW, R, Rep. 113 /39 S. 16.

weil das Urteil im Hinblick auf die Gesamtumstände der Tat nicht als so fehlerhaft und im Strafausspruch unbefriedigend erschien, dass es als ungerecht aufgehoben werden müsste.

Das unbewohnte, einsam gelegene Haus

Der einschlägig vorbestrafte Angeklagte Alfred Kurpick aus Birgelen war im Februar 1941 nachts in ein abseits der Ortschaft gelegenes Holzhaus, das dem Winkens gehörte, eingedrungen und hatte Lebensmittel, Kleidung und sonstige Gegenstände entwendet. Das Gericht, das den Angeklagten nach §§ 242, 243 StGB in Verb. mit § 4 VVO, nicht nach § 2 VVO bestrafte, führte aus:

> Der Angeklagte hat diesen schweren Diebstahl unter den Voraussetzungen des § 4 VVO begangen. Denn dadurch, dass er sich zu Nutze gemacht hat, dass das Haus in Folge der Einberufung des Winkens nachts unbewohnt war, hat er die durch den Kriegszustand verursachten außergewöhnlichen Verhältnisse ausgenutzt. Die Tat ist auch besonders verwerflich. Der Angeklagte hat überaus gemein gehandelt. Während Winkens in dem uns aufgezwungenen Kampf um die Gestaltung der Zukunft unseres Volkes draußen im Felde seine Pflicht tut, ist der Angeklagte hingegangen und hat ihm unter Ausnutzung seiner Abwesenheit vom Hause Sachen gestohlen, die Teils wegen ihrer Bezugsbeschränktheit (Kleider, Lebensmittel), teils, weil sie zur Zeit nur schwer erhältlich sind (Einkochgläser, Kessel, Hühnerfutter) für ihn und seine Frau besonders wertvoll waren. Das gesunde Volksempfinden verlangt deshalb auch eine Bestrafung unter Überschreitung des regelmäßigen Strafrahmens. Dass der Angeklagte wie die Anklage annimmt die Tat auch unter Ausnutzung der für die Abwehr von Fliegerangriffen betroffenen Verdunkelungsmaßnahmen begangen hat, konnte nicht festgestellt werden. Das Haus Winkens liegt in einer Heidelandschaft, in der die einzelnen Wege, meist Feldwege, keine Straßenbeleuchtung haben. Der Anklagte hat die Beute in seine elterliche Wohnung getragen. Auch auf dem Wege dahin stehen keine Laternen, die nur etwa verdunkelt gewesen wären[29].

Das Gericht verurteilte Kurpick am 30.4 1941 zu einer Zuchthausstrafe von 2 Jahren und 6 Monaten. Die Staatsanwaltschaft hatte eine solche von 3 Jahren und 6 Monaten beantragt.

Vier Fahrräder

Am 3.4.1941 stand der Arbeiter Ernst Schüler, geboren am 14.7.1900, wohnhaft in Geilenkirchen, vor dem Sondergericht Aachen. Schüler war erheblich vorbestraft und hatte im Jahre 1940 insgesamt 4 Fahrräder, dabei 2 unter Ausnutzung der zur Abwehr von Fliegergefahr getroffenen Verdunkelungsmaß-

---

29 LAV NRW, R, Rep. 113/13; Sondergericht Aachen - 2 S Ls 13/41 – in der Besetzung Landgerichtsdirektor Hoffmann, Amtsgerichtsrat Küster, Landgerichtsrat Erbel und Staatsanwalt Zimmerath

nahmen entwendet. Schüler wurde als Volksschädling gemäß § 2 VVO und als gefährlicher Gewohnheitsverbrecher zu einer Zuchthausstrafe von 5 Jahren verurteilt. Die bürgerlichen Ehrenrechte wurden ihm auf die Dauer von 10 Jahren aberkannt. Gleichzeitig ist die Sicherungsverwahrung angeordnet worden. Staatsanwalt Dr. Höher hatte eine Zuchthausstrafe von 10 Jahren beantragt.

Im Urteil heißt es wörtlich:

> Dass der Angeklagte auch durch seine gesamte Persönlichkeit als Volksschädling zu erachten ist, beweisen seine zahlreichen erheblichen Vorstrafen sowie auch die jetztigen Fahrraddiebstähle, die er, obwohl der Verlust eines Fahrrads während des Krieges für jedermann einen schwer zu ersetzenden Schaden bedeutet, wahllos ausgeführt hat, wobei er auch nicht davor zurückschreckte, Räder vor Krankenhäusern, also wahrscheinlich Besucher von Kranken, weg zu nehmen. … Der Angeklagte ist auch ein gefährlicher Gewohnheitsverbrecher. Nach seiner Lebensführung zu schließen – er hat seit seinem 24. Lebensjahr bereits 8 Jahre und 8 Monate im Zuchthaus verbracht – kann von ihm in absehbarer Zeit eine innere Umstellung zu einem ehrlichen Volksgenossen nicht erwartet werden.

Neue Herrenschuhe im Wartesaal

Der wohnsitzlose Maurer Johann Bürgerhausen, geboren 31. Mai 1879, wurde nach § 2 VVO in Verbindung mit § 242 StGB als Volksschädling angeklagt.

In der Nacht vom 17. zum 18. Dezember 1940 hatte sich Bürgerhausen zum Übernachten in den Wartesaal des Hauptbahnhofes Aachen begeben. Dort stahl er ein mit Kordel geschnürtes Päckchen. Er öffnete es und stellte fest, dass sich ein paar neue Herrenschuhe darin befanden; er packte es wieder zusammen und verliess damit den Wartesaal.

Das Sondergericht kam zu dem Ergebnis, dass sich Bürgerhausen des Diebstahls schuldig gemacht habe. Entgegen der Annahme in der Anklage sei dieser Diebstahl aber nicht unter den erschwerenden Umständen des § 2 VVO begangen worden. Es sei die Verdunkelung nicht ausgenutzt worden. Auch aufgrund des Alters und der Persönlichkeit könne nicht von einem Volksschädling gesprochen werden. Bürgerhausen kam mit einer Gefängnisstrafe von 4 Monaten davon.[30]

---

30 LAV NRW, R, Rep. 113 Nr. 8; Urteil des Sondergerichts Aachen – 2 SLs 3/41 – S 3/41 – Das Sondergericht tagte in der Besetzung Landgerichtsdirektor Hoffmann, Amtsgerichtsrat Küster und Landgerichtsrat Erbel sowie Oberstaatsanwalt Führer.

Die Staatsanwaltschaft war mit diesem Urteil nicht einverstanden. Sie vertrat die Auffassung, dass die Tat derartig verwerflich sei, dass sie den Täter per se zum Volksschädling qualifiziere.[31]

Das Reichsjustizministerium sah die Sache anders:

> Die Sache sei von zu geringer Bedeutung, und es sei immerhin zweifelhaft, ob der Verurteilte der Typ des Volksschädlings sei.[32]

Sechs Kaninchen und mehr

Der einschlägig vorbestrafte Kraftfahrer Gerhard Bergmann aus Hochkirchen, geb. 27. Juli 1921, wurde am 15. April 1944 als Volksschädling zu einer Zuchthausstrafe von 5 Jahren verurteilt. Er hatte – teilweise unter Ausnutzung der Verdunklungsmaßnahmen – 6 Kaninchen gestohlen. Außerdem hatte er sich als Beamter der Sittenpolizei ausgegeben und Briefe beschlagnahmt und eine Hausgehilfin zum Arbeitsvertragsbruch angestiftet.[33]

Betrug mit Lebensmittelkarten[34]

Mit Urteil vom 7. Oktober 1943 verurteilte das Sondergericht die Eheleute Albert und Anna Willemsen aus Aachen wegen Betruges zu 1 Jahr Zuchthaus.

Nach der Haftentlassung wurden beide der Gestapo übergeben.

Der Rückfalldieb

Der Bauarbeiter Peter Beging aus Düren, Josefstraße 3, geb. 9. September 1907 in Birkesdorf, geschieden, wurde als gefährlicher Gewohnheitsverbrecher wegen Rückfalldiebstahls zu 5 Jahren Zuchthaus und Sicherungsverwahrung verurteilt. Er wurde als typischer Volksschädling bezeichnet. Das Urteil datiert vom 18. Juli 1944; die Akte enthält den Vermerk, dass Beging im August 1944 im Zuchthaus Siegburg verstorben ist.[35]

---

31 Bericht des LOStA Aachen an das RMJ vom 4. April 1941, LAV NRW, R, Rep. 113/8.

32 LAV NRW, R, Rep. 113, 8 S.17.

33 LAV NRW, R, Rep. 113/251; 2 S Ls 44/44; Schwengers, Ropohl, van Kempen; Staatsanwalt Dr. Marx.

34 LAV NRW, R, Rep. 113/150; 2 S Ls 169/43, Sondergericht in der Besetzung Schwengers, Kuhnert, Dr. Kemper, Dr. Höher.

35 LAV NRW, R, Rep. 113/188; Sondergericht Aachen – 2 SLs 93/44-S 117/44 – in der Besetzung Dr. Hellbach als Vorsitzender, Amtsgerichtsrat Wirtz, Landgerichtsrat Schwengers als Beisitzer und Staatsanwalt Dr. Marx.

4. Diebstahl von Feldpost

a) Vorbemerkung

Eine herausragende Bedeutung unter den Vermögensdelikten kam der Wegnahme und der widerrechtlichen Zueignung von Feldpostpäckchen zu. Nach dem Überfall auf Polen baute die Wehrmacht die Feldpost auf, um die Verbindung zwischen Heimat und Front aufrecht zu erhalten. Eine Störung dieser Verbindung war in den Augen überzeugter Nationalsozialisten weit mehr als Unterschlagung oder Diebstahl; es war eine Art „gewaltsamer Angriff" auf das Vertrauen der Heimat in die Einrichtungen des Staates und somit auch auf die „Widerstandskraft des Deutschen Volkes" schlechthin.[36]

b) Besondere Fälle

Diebstahl von Feldpostpäckchen

Der Postschaffner Martin Strobel, Gerasmühle, wurde wegen Diebstahls von Feldpostpäckchen zu einer Strafe von 4 Jahren Zuchthaus verurteilt.[37]

Der Postschaffner Josef Kamphausen aus Aachen ist wegen Diebstahls von Feldpostpäckchen ebenfalls zu 4 Jahren Zuchthaus verurteilt worden.[38]

Der Postfacharbeiter Heinrich Bordewin, Herzogenrath, wurde mit Urteil vom 25. August 1942 zu 30 Monaten Zuchthaus verurteilt.[39]

Zigarillos und Zigarren

Der Postsekretär Hubert Muckel aus Linnich stand am 27. Juli 1944 vor der Sondergerichtskammer in Aachen.

Muckel wurde vorgeworfen, zwei Feldpostpäckchen mit dem Inhalt – Zigarillos und Zigarren – gestohlen zu haben.

Er wurde mit Urteil vom 27. Juli 1944 zu 15 Monaten Zuchthaus verurteilt. Gestützt wurde die Entscheidung auf. § 4 VVO in Verb. mit §§ 133, 350, 354

---

36 Weckbecker, Sondergerichte Frankfurt am Main und Blomberg, S. 298 f.

37 LAV NRW, R, Rep. 113/542; Sondergericht Aachen S Ls 234/42; 5 K Ls 267/46.

38 LAV NRW, R, Rep. 113/616; Sondergericht Aachen 2 S Ls 107/42; 5 K Ls 532/46.

39 LAV NRW, R, Rep. 113/522; Aktenzeichen: 2 S Ls 116/42; 5 K Ls 240/46.

StGB. Die Gründe des Urteils enthalten Formulierungen wie „ehrlose Gesinnung“ und „besonders verwerflich“.[40]

Mit Beschluss der Strafkammer des Landgerichts Aachen vom 1. September 1947 wurde die Strafe von 15 Monaten Zuchthaus auf 8 Monate Gefängnis herabgesetzt. Die Verurteilung als Volksschädling und zu Ehrverlust entfiel. Die Entscheidung erging gemäß §§ 4, 8 der Verordnung über die Gewährung von Straffreiheit vom 3. Juni 1947.[41]

5. Verfahren gegen jüdische Mitbürger

a) Vorbemerkung

Die 13. Verordnung zum Reichsbürgergesetz vom 1. Juli 1943 bestimmte in § 1:

> „Strafbare Handlungen von Juden werden durch die Polizei geahndet“.[42]

Spätestens ab diesem Zeitpunkt endeten Gerichtsverfahren gegen Juden.

Vor dem Sondergericht Aachen wurden einige wenige Verfahren gegen Juden durchgeführt, die nachfolgend beschrieben werden. Auch ansonsten finden sich wenige Fälle, die den Umgang mit Juden betreffen. Ein besonderer Vorfall ereignete sich vor dem Amtsgericht Düren. Die NSDAP, Gauleitung Köln-Aachen, teilte dem OLG-Präsidenten in Köln am 7. Juli 1938 folgendes mit:

> Es ist immer wieder festzustellen, dass sich in den Zuhörräumen der Gerichte Juden aufhalten. Ein besonderer Fall wird von der Kreisleitung Düren mitgeteilt, die u. a. schreibt: „.... Seit Jahren kommt der Jude Meier aus Düren in den Zuhörerraum des Dürener Amtsgerichtes; er lässt sich keine der dort verhandelten Strafsachen entgehen. Da es unangebracht erscheint, dass dieser obskure Jude auch Zeuge von Verhandlungen ist, die sich mit Parteiangelegenheiten befassen, bitte ich zu veranlassen, dass die Möglichkeit geschaffen wird, diesem Juden die Anwesenheit im Dürener Gerichtssaal zu untersagen. Meier ist ein ausgesprochener Talmud Jude und Vorbeter in der Dürener Synagoge. Da Juden keine Staatsbürger sind, erscheint es angebracht, ihnen den Aufenthalt im Zuhörerraum der Gerichte allgemein zu untersagen.“

---

40 LAV NRW, R, Rep. 113/288; Urteil des Sondergerichts Aachen vom 27.07.1944 – 2 S Ls 94/44; Das Sondergericht tagte unter dem Vorsitz von Landgerichtsdirektor Dr. Hellbach als Vorsitzenden, Amtsgerichtsrat Wirz als alleinigen Beisitzer und Staatsanwalt Wickmann.

41 ebenda; unterzeichnet ist der Beschluss durch die Richter Dr. Scheins, Schauergans und Becker. Schauergans war als Richter am Sondergericht Aachen tätig, siehe 5. Kapitel.

42 RGBl. I., 1943, S. 372.

Das Amtsgericht Düren teilte dazu am 12. August 1938 dem Landgerichtspräsident Aachen mit:

> Aufgrund einer mit dem Juden Meier gepflogenen Rücksprache hat dieser erklärt, dass er an Sitzungen, an denen er nicht beteiligt sei, fürderhin nicht mehr anwohnen werde.[43]

So wurde der Fall ohne Konfrontation mit der Gauleitung und ohne Verstoß gegen das Gerichtsverfassungsgesetz „geregelt".

Der Landgerichtspräsident in Bonn teilt zur Anwesenheit von Juden im Gerichtssaal folgendes mit:

> Während der letzten Schwurgerichtstagung wies ein Geschworener einen der richterlichen Beisitzer daraufhin, dass eine ihm vom Ansehen bekannte, übel beleumdete und vorbestrafte Jüdin zum wiederholten Male im Zuhörerraum des Schwurgerichtssaales sitze. Der Geschworene empörte sich darüber, ob die Jüdin nicht herausgewiesen werden könne. Der Vorsitzende des Schwurgerichts ließ darauf hinweisen, dass ihre Anwesenheit unerwünscht sei. Darauf blieb sie fern. Bezeichnend ist, dass diese Jüdin sich stets in die erste Reihe der Zuhörerbänke setzte. Auch beim hiesigen Amtsgericht befand sich vor einigen Wochen ein Jude während einer Strafsitzung im Zuhörerraum. Auch dieser wurde des Saales verwiesen.[44]

b) Besondere Fälle

nach Freispruch der Gestapo überstellt

Am 27. Januar 1942 stand der jüdische Mitbürger Otto Israel Hirsch, geb. 8. November 1902, vor dem Sondergericht Aachen. Er wurde nach der Verordnung über außerordentliche Rundfunkmaßnahmen beschuldigt, amerikanische Sender gehört zu haben. Das Sondergericht sprach ihn mangels Beweises frei.[45]

Der Haftbefehl wurde aufgehoben. Das Gericht verfügte, dass kein Anspruch auf Entschädigung für unschuldig erlittene Untersuchungshaft bestehe.

Hirsch wurde nach seinem Freispruch aus der Untersuchungshaft im Gefängnis Aachen entlassen und der Gestapo überstellt[46].

---

43 LAV NRW, R, Rep. 11/1670, S. 23.

44 Ebenda; Schreiben vom 29. September 1938.

45 LAV NRW, R, Rep 113/ 34; Sondergericht Aachen - 2 S Ls 66/41 – S 135/41 - in der Besetzung Howahrde, Küster, Paulus, Staatsanwalt Zimmerath.

46 LAV NRW, R, Rep. 113/34.

Hirsch soll am 7. November 42 im KZ Auschwitz umgekommen sein.[47]

Abhören ausländischer Sender

Die Jüdin Hilde Klimeck wurde nach der Verordnung über außerordentliche Rundfunkmaßnahmen zu einer Zuchthausstrafe verurteilt.[48]

Beihilfe zur Schwarzschlachtung

Der Volljude Benjamin, genannt Benno, Israel Hermanns, Metzgermeister in Walheim, Arbeitslager, geb. 17. August 1886 in Nörvenich, war wegen Kriegswirtschaftsverbrechen – Schwarzschlachtung – vor dem Sondergericht Aachen angeklagt und wurde mit Urteil vom gleichen Tage mangels Beweises freigesprochen. Hermanns war vom Arbeitsamt dem Metzgermeister Bongard in Golzheim als Gehilfe zugeteilt und war insofern in das Verfahren der Dürener Metzgermeister involviert[49].

Das Verfahren gegen Hermanns wurde von dem Verfahren Richarz pp. abgetrennt, „um zu vermeiden, dass gegen den jüdischen Angeklagten und die übrigen arischen Teilnehmer gemeinschaftlich verhandelt wurde“.[50]

Auch Hermanns wurde nach seinem Freispruch der Gestapo ausgeliefert.[51] Er ist danach nach Izbica deportiert worden, dort gestorben und am 4. Januar 1950 vom Amtsgericht Düren für tot erklärt worden.[52]

in das KZ Auschwitz überführt

Der Volljude Otto Israel Voss, Düren, Oberstrasse 76b, war vor dem Krieg als Viehhändler tätig, war danach arbeitslos und lebte von der Wohlfahrt.

---

47 *Birmanns*, Aachener Justiz, S. 259.

48 LAV NRW, R, Rep. 113/30; *Vurgun*, Staatsanwaltschaft, S. 39.

49 Vgl. oben in diesem Kapitel II, 2b („die Dürener Schwarzschlachter“; Hermanns war Metzgermeister in Nörvenich, Kreis Düren. Von November 1941-19. März 1942 befand er sich im Internierungslager Stolberg-Atsch und wurde von dort nach Izbica deportiert. Am 4. Januar 1950 wurde er vom Amtsgericht Düren für tot erklärt, (vgl. Spuren jüdischen Lebens in Düren: http://geschichtswerkstatt-dueren.de/gws_dn_namensliste.php)___; Sondergericht Aachen LA NRW Rep. 113/37; Gericht in der Besetzung: Landgerichtsdireltor Fritz, Amtsgerichtsrat Küster, Landgerichtsrat Kuhnert, Staatanwalt Zimmerath.

50 Bericht des LOStA an den RJM vom 24. Februar 1942, LAV NRW, R, Rep. 113/37.

51 Aktenzeichen Gestapo Aachen II A Nr. 6254/41.

52 Dürener Geschichtswerkstatt: Spuren jüdischen Lebens in Düren, ebenda.

Anfang des Jahres 1940 kaufte Voss von Körfer ein Milchschaf mit dem Lebendgewicht von etwa 50 Pfund zum Preis von 40 Reichsmark. Er schlachtete dieses Tier schwarz, dass heißt ohne die nach § 7 der Verordnung über die öffentliche Bewirtschaftung von Tieren und tierischen Erzeugnissen vom 07.09.1939 erforderliche Genehmigung des Ernährungsamtes und ohne die Schlachtung zur Schlachtsteuer anzumelden. In der Folgezeit beteiligte er sich an den Schwarzschlachtungen des Metzgermeisters Richarz aus Düren-Birkesdorf. Außerdem bezog er Fleisch ohne Bezugsberechtigung und in Kenntnis, dass es aus Schwarzschlachtungen stammte. Auch soweit war der Metzgermeister Richarz beteiligt. Er half Richarz auch, eine Kuh und ein Rind bei dem Landwirt Körfer zu kaufen[53].

Das Gericht verurteilte Voss zu einer Gefängnisstrafe von 1 Jahr und Wertersatz und führte im Urteil vom 7. Februar 1942 aus:[54]

> Es handelte sich um eine erhebliche Menge. Er hat diese Taten böswillig getan. Denn er war sich bewusst, dass zur Durchhaltung des uns aufgezwungenen Kampfes und die Gestaltung der Zukunft unseres Volkes die geordnete Besorgung unter allen Umständen gewährleistet werden muss und dass Schwarzschlachtung dieser Art dieses Gut gefährdet. Dennoch hat er sich aus nicht gerechtfertigten, eigensüchtigen Gründen über diese Bestimmung ohne Rücksicht auf die Belange der Allgemeinheit böswillig hinweggesetzt."

Bei der Bemessung der Strafe ging das Gericht davon aus, dass

> gerade unsere Versorgungslage an Fleisch und Schlachtfetten eine besonders gespannte ist, dass die Schwarzschlachtungsfälle immer noch recht zahlreich sind und dass einem Verbrechen gegen die innere Widerstandskraft unseres Volkes mit Nachdruck entgegen gesetzt werden muss. Der Angeklagte hatte als Volljude auch besonderen Anlass, sich an die deutschen Gesetze zu halten. Im Übrigen berücksichtigte das Gericht die Fleischmengen, die der Angeklagte zu Unrecht bezogen hat und zu deren Beiseiteschaffung er Hilfe geleistet hat. Das Gericht berücksichtigte weiter, dass diese Hilfe, die der Angeklagte Körfer geleistet hat, nicht besonders intensiv war. Das Gericht berücksichtigte endlich die Vorstrafen des Angeklagten. Zu Gunsten des Angeklagten bewertete das Gericht, dass er den Ersten Weltkrieg mitgemacht, verwundet worden ist und auch jetzt noch an den Folgen dieser Verwundung (Asthma) leidet.

Es befindet sich in der Gerichtsakte dann eine Nachricht des Gefängnisses Anrath an den Oberstaatsanwalt in Aachen vom 5. Februar 1943. Hier heißt es:

---

53 Vgl. oben 4. Kapitel, II, 2b.

54 LAV NRW, R, Rep. 113/38, Urteil v. 7. Februar 42 2 S Ls 73/41 – 130/41; Sondergericht in der Besetzung: Howahrde, Küster, Paulus, Dr. Marx.

> Der Jude Otto Israel Voss wurde am 23 vorigen Monats auf Veranlassung der geheimen Staatspolizei – Außendienststelle Krefeld – in das KZ Auschwitz überführt."[55]

Anschließend bittet der Oberstaatsanwalt in Aachen das KZ Auschwitz um Übersendung einer Einlieferungsanzeige. Das KZ Auschwitz teilt, eingehend am 6. Mai 1943, dem Oberstaatsanwalt mit:

> Der Jude Otto Israel Voss ist bis zum heutigen Tage in das hiesige Lager nicht eingeliefert worden.

Voss ist am 11. Februar 1943 im KZ Auschwitz verstorben.[56]

jüdisches Vermögen

Die jüdische Mitbürgerin Witwe Rosa Sara Schwarz, geb. Weber, aus Hochkirchen, stand im Jahre 1941 vor den Schranken des Sondergerichts Aachen.[57]

Sie hatte ihr Barvermögen nicht angemeldet und wurde deshalb nach der VO über die Anmeldung des Vermögens von Juden vom 26. April 1938[58] zu einer Geldstrafe von 1000 Reichsmark verurteilt.

Der Staatsanwalt hatte 6 Monate Gefängnis und Geldstrafe beantragt. Das Gericht nahm eine fahrlässige Begehung an.

Frau Schwarz wurde am 8. März 1879 in Oberdrees geboren. Der Todeszeitpunkt ist nicht bekannt. Nach der Geschichtswerkstatt Düren wurde sie 1941/1942 „in den Tod deportiert".[59]

6. Verfahren gegen katholische Priester

der Pfarrer von Stockheim

Priester standen im Dritten Reich unter besonders kritischer Beobachtung, so auch der Pfarrer von Stockheim, Heinrich Zimmermann.

Viele Priester wurden bespitzelt, diskriminiert, verfolgt, gemaßregelt und getötet.[60] Nur Pfarrer Zimmermann stand vor dem Sondergericht. Viele andere

---

55 LAV NRW, R, Rep 113/38, S. 48.

56 Vgl. *Dürener Geschichtswerkstatt*, Spuren jüdischen Lebens in Düren.

57 LAV NRW, R, Rep. 113/44; Sondergericht in der Besetzung: Hoffmann, Küster, Erbel, Staatsanwalt Zimmerath – 2 S Ms 8/41.

58 RGBl. I., 1938, S. 414 f.

59 Vgl. *Dürener Geschichtswerkstatt*, ebenda.

Priester aus dem Bistum Aachen wurden vor dem Amts- oder Landgericht Aachen angeklagt oder sofort in das KZ Dachau eingeliefert.[61]

Heinrich Zimmermann wurde am 8. September 1889 in Köln geboren. Er ist am 24. Juni 1915 zum katholischen Priester geweiht worden. Zunächst war er Kaplan an einer Pfarre in Haaren bei Aachen, sodann seit 1919 Kaplan in Aachen-Forst und seit Frühjahr 1925 in Anrath bei Krefeld. Im Jahre 1934 wurde er Pfarrer in Stockheim, und zwar bis zu seiner Ausweisung aus der Rheinprovinz am 5. Juli 1940. Er nahm dann Wohnung in Frankfurt am Main, Hans Handwerkstr. 12.

Er verweigerte seit dem Jahre 1936 die öffentlichen Sammlungen für die NSV, das VEW und das Rote Kreuz. Zur Begründung seiner ablehnenden Haltung gab er seine maßlose Verärgerung über die bildliche Verunglimpfung eines katholischen Geistlichen in dem Wochenblatt *Der Stürmer* von November 1936 an. Außerdem beklagte er häufige kirchen- und religionsfeindliche Auslassungen in Wort und Schrift. Dies führte weiter dazu, dass er offen ablehnte, mit dem deutschen Gruß zu grüßen.

Im Jahre 1934 soll er nach der Bekundung eines Zeugen bereits erklärt haben, der Kommunismus sei ihm lieber als der Nationalsozialismus. In einer Predigt vom 8. Juli 1934 äußerte er sinngemäß: In Russland sage man wenigstens offen und ehrlich, man wolle mit Gott und Religion nichts zu tun haben. In Deutschland heuchle man Religion und gehe dem Abgrund entgegen. In einer Predigt vom 21. Juli 1935 hat er unter Hinweis auf eine ihm durch die Presse bekannt gewordene abfällige Äußerung eines Versammlungsredners der Deutschgläubigen über Christus u.a. sinngemäß vorgetragen, unsere Zeitungen dürften nicht zur Verteidigung des katholischen Glaubens schreiben. Ferner wies er in dieser Predigt darauf hin, dass die Sonnenwendfeiern stellenweise einen heidnischen religiösen Charakter bekommen hätten, weshalb er die Eltern ermahne, ihre Kinder an derartigen Feiern nicht teilnehmen zu lassen, da es von der Kirche verboten sei. Dazu sagte er dann noch: „Wir kämpfen nicht mit Dolch und Revolver, sondern mit geistigen Waffen."

In der Folgezeit wurde Pfarrer Zimmermann mehrmals durch den zuständigen Landrat verwarnt. Ein weiteres Verfahren ist eingestellt worden.

Im Jahre 1937 oder 1938 äußerte der Angeklagte nach Angaben der Zeugin Laufenberg in einer Predigt zum Thema „Gemeinschaftsschule", dass in einer

---

60 Vgl. *von Hehl, Ulrich*, Priester unter Hitlers Terror, Mainz 1985.

61 *Bistum Aachen*, Priesterschicksale im Dritten Reich aus dem Bistum Aachen, Aachen, 1972.

Siedlung bei Aachen die politischen Leiter die Eltern aufgefordert hätten, ihre Kinder der Gemeinschaftsschule zuzuführen. Dazu bemerkte er weiter, es sei nun so, dass, falls die Eltern ihre Kinder nicht in die Gemeinschaftsschule schickten, ihre Wohnungen verlassen müssten und von ihren Arbeitsstätten verwiesen würden. Aufgrund dieser Ausführungen bemächtigte sich der Zeugin große Unruhe und Aufregung. Diese Zeugin bekundet auch, gelegentlich in der Predigt habe der Angeklagte auf das Tabernakel hingewiesen mit dem Worten „Hier ist unser Führer!".

Zu Beginn des Krieges, als die ersten Lebensmittelkarten ausgegeben wurden, äußerte der Angeklagte dem Verteiler Broichmann gegenüber: „Ha! So weit habt ihr (Nazis) es schon gebracht".

Die ablehnende Einstellung des Angeklagten gegenüber dem Nationalsozialismus wurde allmählich unter der Bevölkerung von Stockheim allgemein bekannt. Vor allem erregte es unliebsames Aufsehen, dass der Pfarrer des Ortes sich überhaupt nicht mehr durch Spenden an den öffentlichen Sammlungen beteiligte. Es kam sogar soweit, dass die Sammler zum Teil nur nach einer vorangegangenen Wette darüber, ob der Pastor etwas geben würde oder nicht, sich herabließen, den Angeklagten um eine Spende anzugehen, wobei sie dann hinterher immer wieder feststellen mussten, dass sie kein Geld von ihm bekommen konnten.

Als im Dezember 1938 der Zeuge Hoffsümmer versuchte, eine Spende für das Winterhilfswerk zu erlangen, lehnte der Angeklagte eine Spende mit dem Bemerken ab, dass das auf diese Weise gesammelte Geld nur dazu diene, antireligiöse Bestrebungen zu finanzieren und zu propagieren.

Anlässlich einer Sammlung für das Rote Kreuz im September/Oktober 1939 lehnte der Angeklagte ebenfalls eine Spende ab mit dem Bemerken, er gebe solange nichts, bis das Verbot, für das Priesterhilfswerk zu sammeln, aufgehoben sei.

Hinsichtlich aller dieser Äußerungen ist das Strafverfahren wegen Verjährung der Strafverfolgung bzw. auf Grund der Amnestie vom 30. April 1938 und vom 9. September 1939 eingestellt worden.

Der eigentliche Gegenstand des Strafverfahrens vor dem Sondergericht Aachen ist folgender Sachverhalt:

drückt von oben herunter zum Kirchenaustritt, ohne dass man diesem Wunsch öffentlich Ausdruck verleiht."

Am 20.3.1940 erstattete Kreisleiter Binz Strafanzeige gegen den Pfarrer Zimmermann in Stockheim. Ursächlich für die Anzeige war der Bericht des Zellenleiters Hoffsümmer, Stockheim, über das Verhalten des Pfarrers Zimmermann. Hoffsümmer bezieht sich in seinem Bericht auf ein Gespräch mit Zimmermann am 25.2.1940. Zimmermann lehnte jegliche Spende zum Tag der nationalen Solidarität ab und erklärte sinngemäß, der Staat sei ehrlos geworden, die Nazis seien schlimmer als die Kommunisten, der christliche Glaube werde unterdrückt, die Jugend werde verdorben.

Auf diesen Bericht nimmt der Ortsgruppenleiter der NSDAP – Ortsgruppe Kreuzau, Josef Schmitz, mit Schreiben vom 12.3.1940 Bezug. Es heißt dort:

> Bei seinem Amtsantritt in Stockheim wurde mir der damalige Kaplan Zimmermann als übler Hetzer in seiner vorigen Stelle bezeichnet. Stockheim, wo seinerzeit dauernd Beschädigungen des Stürmerkastens zu Stockheim vorkamen, ist für uns eine schwierige Zelle und ich führe das vor allem auf das Verhalten des Zimmermann zurück. Wiederholt ist gegen Z. von Seiten des Zellenleiters und von mir selbst Anzeige bei der Kreisleitung und der Gestapo gemacht worden."

Aufgrund der Anzeige wurde gegen Pfarrer Zimmermann durch die Staatspolizei-stelle Aachen ermittelt und danach von der Staatsanwaltschaft Aachen Anklage erhoben. Am 16.5.1942 fand vor dem Sondergericht Aachen die Hauptverhandlung statt, nachdem Zimmermann zuvor aus der Rheinprovinz verwiesen worden war. Vorsitzender Richter war der Landgerichtsdirektor Howahrde; Beisitzer waren Amtsgerichtsrat Küster und Landgerichtsrat Dr. Wilbert. Staatsanwalt war Staatsanwalt Wickmann.

In der Sitzung vom 16.5.1942 verurteilte das Sondergericht den Angeklagten Zimmermann wegen Vergehens gegen Abs. 2 des Heimtückegesetzes vom 20.12.1934 zu einer Gefängnisstrafe von 1 Jahr.

Das Urteil wird wie folgt begründet:

> Als am 25.2.1940 als Ersatz für den im Dezember 1939 ausgefallenen Tag der Nationalen Solidarität eine Haussammlung abgehalten wurde, begab sich der Zeuge Hoffsümmer als damaliger Zellenleiter zum Angeklagten. Zimmermann lehnte die Spende ab mit sinngemäßer Begründung, er lehne es ab, einen Staat zu unterstützen, die wortbrüchig und damit ehrlos geworden sei. Denn man habe in der Schule den Religionsunterricht verboten und das Priesterhilfswerk aufgehoben, obwohl beides durch das Konkordat gewährleistet worden sei. Der Führer habe damit sein einmal gegebenes Wort gebrochen. Die religionsfeindliche Propaganda habe erneut und schärfer eingesetzt. Solange noch ein Stürmer gedruckt werde, gebe er, der Angeklagte, nichts.

Weiterhin erklärte Zimmermann sinngemäß, die Nazis seien noch schlimmer als die Kommunisten. Kommunisten waren ungebildete Leute, die zwar mit Schildern umhergingen und viel schrien, aber ihr unterdrückt den Glauben heimlich. Man verderbe von unten herauf die Jugend. Es sei eine Schande, dass man der Geistlichkeit die Jugenderziehung aus der Hand genommen habe. Er kenne Lehrpersonen, die tränenden Auges mit ansehen müssten, wie die jüngste Jugend schon verdorben werde.

Zimmermann meinte dann weiter, dass der Staat und der Nationalsozialismus die Unterdrückung jedweder Religiösität erstrebe und versuche, das Volk selbst auf einen moralisch niedrigen Stand zu bringen. Damit fing man in der Hitlerjugend und im BDM an.

Schließlich äußerte Zimmermann: Brutalität, Gewissensdruck, Heuchelei und Wortbrüchigkeit sind die Merkmale des nationalen Sozialismus. Sodann versicherte er abermals, dass er keinen Pfennig spende.[62]

Zimmermann wurde verurteilt, obwohl er die Äußerungen in einem persönlichen Gespräch mit dem Zeugen Hoffsümmer tätigte. Das Gericht wertete dies als öffentlich im Sinne des § 2 Abs. 2 des Heimtückegesetzes; die Äußerungen seien einer öffentlichen Äußerung gleich zu stellen.

Das Gericht führt aus:

> Der Angeklagte hätte sich auch darauf verlassen können, dass er wegen eines solchen Gespräches vor Gericht nicht zur Rechenschaft gezogen worden wäre, wenn er mit dem Zeugen seine anders gerichtete Auffassung und seine eventuellen Bedenken in sachlicher Weise erörtert hätte. Der Angeklagte hat aber den Boden der Sachlichkeit bewusst verlassen und beschimpft und gehetzt. Er wollte keine sachliche Aufklärung. Er war ständig im Angriff. Er wollte nur seiner gegnerischen Einstellung Geltung verschaffen. Er nahm in Kauf, dass seine Argumente über den Zeugen hinaus weitergetragen würden.[63]

Pfarrer Zimmermann verbüßte seine Haftstrafe vom 26. Juni 1942 bis zum 25. Juni 1943 im Gerichtsgefängnis Hanau.

Über seinen weiteren Lebensweg gibt es keine genauen Erkenntnisse. Er soll nach dem Krieg als Pfarrer in Istergiesel – Bistum Fulda – tätig und dort am 4. Januar 1960 verstorben sein.[64]

Weitere Verfahren vor dem Sondergericht Aachen gegen katholische Priester und evangelische Pfarrer konnten nicht festgestellt werden

62 LAV NRW, R, Rep. 113, 102, S. 147-154

63 Ebenda.

64 *von Hehl*, Priester unter Hitlers Terror, S. 33.

7. Verordnung über außerordentliche Rundfunkmaßnahmen vom 1. September 1939 (Rundfunkverbrechen)[65]

a) Vorbemerkung

Über die Verordnung von außerordentlichen Rundfunkmaßnahmen vom 1. September 1939 erhielten die Sondergerichte die Zuständigkeit für die Aburteilung des Abhörens ausländischer Rundfunksender – ohne Rücksicht auf den Inhalt - und der Verbreitung ihrer Nachrichten.

b) Besondere Fälle

die Wohnung über der Apotheke

Frau Margarete Strunden aus Grefrath, geb. am 1. August 1890, war verheiratet mit dem Stabsapotheker Leo Strunden. Dieser hatte auf Scheidung der Ehe geklagt, weil Frau Strunden nach der Einberufung ihres Mannes zur Wehrmacht mehrfach ausländische Sender abgehört und diese dabei so laut eingestellt habe, dass die Angestellten in der unter der Wohnung gelegenen Apotheke die Meldungen gehört hätten. Die Ehescheidung erfolgte am 7. November 1940 vor dem Landgericht Aachen - 2 R 163/40 -.

Nach der Hauptverhandlung vor dem Sondergericht am 2. Dezember 1941 stand fest, dass die Angeklagte fortgesetzt Musiksendungen ausländischer Sender gehört hatte. Einmalig hat sie auch Nachrichten gehört. Das Gericht hat deswegen einen leichten Fall im Sinne von Satz 2 des § 1 Rundfunkverordnung angenommen und eine Gefängnisstrafe von vier Monaten für ausreichend gehalten.[66]

Englischer Sender

Der Kraftfahrer Peter Heinen aus Ovifat – Kreis Malmedy – wurde am 14. August 1941 vom Sondergericht Aachen freigesprochen. Er war wegen Abhö-

65 RGBl I, 1939, S. 1284.

66 LAV NRW, R, Rep. 113/20 – S 2 S Ls 32/41 – S 69/41 Urteil vom 2. Dezember 1941; Besetzung des Sondergerichts: van Wersch, Küster, Erbel, Staatsanwalt Dr. Höher.

rens ausländischer Sender angeklagt. Der Vorwurf konnte letztlich nach Anhörung von Zeugen nicht bewiesen werden.[67]

Italiener und Russen

Der damals 50 jährige Bergmann Franz Kullinat aus Hückelhoven äußerte im Juni 1940 gegenüber verschiedenen Arbeitskollegen, er wünsche, dass Italien den Krieg verlieren würde. Den Italienern müssten alle „die Hälse abgeschnitten bekommen". „Die Russen würden uns jetzt auch einkreisen. Die russischen Truppen ständen schon an der Grenze fertig".

Das Sondergericht Aachen verurteilte Kullinat zu einer Gesamtzuchthausstrafe von 2 Jahren. Der Straftat lag § 2 der Verordnung über außerordentliche Rundfunkmaßnahmen zugrunde.

Das Gericht stellte fest, dass die von Kullinat abgehörten Nachrichten, wie es sich aus ihrem Inhalt ohne weiteres ergebe, geeignet gewesen seien, die Widerstandskraft des Deutschen Volkes zu gefährden.[68]

8. Wehrdienstentziehung

halt- und hilfloser Mensch, schwerhörig bei der Musterung

Aufgrund des Gutachtens des Provinzial-Medizinalrates Dr. Keller und der Aussage des Dr. Westhoff sowie des Facharztes Dr. von den Horst ist der 37 Jahre alte Angeklagte Hermann Schmitt aus Sötenich, geb. am 1. August 1904 ein halt- und hilfloser Mensch. Er sei schwachsinnig.

Das Gericht stellte fest, dass Schmitt am 1. August 1941 bei seiner Nachmusterung beim Wehrbezirkskommando Düren vorgespiegelt und vorgetäuscht habe, er sei schwerhörig. Dies wurde ihm nicht abgenommen. Der Facharzt Dr. von den Horst stellte die Täuschung fest.

Für den Angeklagten wurde eine Einschränkung der klaren Überlegungs- und Entschlussfähigkeit im Sinne des § 51 Abs. 2 StGB festgestellt. Deswegen ging das Sondergericht mit Rücksicht auf die erheblich verminderte Zurech-

---

67 LAV NRW, R, Rep. 113/18; Sondergericht Aachen 2 S Ls 29/41 – S 67/41; Urteil vom 14.08.1941; Sondergericht in der Besetzung Landgerichtsdirektor Hoffmann, Amtsgerichtsrat Küster, Landgerichtsrat Erbel sowie Staatsanwalt Zimmerath.

68 LAV NRW, R, Rep. 113/9; Sondergericht Aachen 2 S Ls 4/41 – S 11/41; Urteil vom 10.04.1941; Sondergericht Aachen in der Besetzung Landgerichtsdirektor Hoffmann als Vorsitzer, Amtsgerichtsrat Küster, Landgerichtsrat Erbel sowie Staatsanwalt Dr. Höher.

nungsfähigkeit und die Persönlichkeit des Angeklagten von einem minder schweren Fall aus. Außerdem milderte es die Strafe wegen des Versuchs gem. § 44 StGB. Auf die Freiheitsstrafe von 3 Monaten wurde die Untersuchungshaft angerechnet womit sie verbüßt war.[69]

9. Heimtücke

a) Vorbemerkung

Urteile zu den politischen Verhältnissen, Meckern über schlechte Zeiten, Greuelpropaganda und nicht zuletzt ein politischer Witz konnten sehr schnell zu einem Verfahren vor dem Sondergericht führen.

Nach dem Heimtückegesetz[70], das dem Schutz leitender Persönlichkeiten des Staates oder der NSDAP vor öffentlichen, gehässigen, hetzerischen und von niedriger Gesinnung zeugenden Äußerungen diente und somit eine Vergiftung der Öffentlichkeit durch falsche Gerüchte, Beleidigungen und Lügengeschichten verhindern sollte, wurde vor dem Aachener Sondergericht insgesamt gegen 102 Personen ermittelt, und sie wurden zu Freiheitsstrafen von durchschnittlich 8,9 Monaten verurteilt.[71]

Auch wer nicht öffentliche böswillige Äußerungen machte, konnte angeklagt werden, wenn der Täter damit rechnen musste, dass seine Äußerungen in die Öffentlichkeit drangen.

b) Besondere Fälle

Beleidigungen Hitlers

Die Bezeichnungen Hitlers als „Lump“[72], „Schuft“[73], „Hurenbengel“[74], „der mit seinem Krieg ganz Europa vernichte“[75], bildeten die gängigen personenbezogenen Äußerungen, die nach dem Heimtückegesetz verfolgt wurden.

---

69 2 S Ls 31/41 – S 79/41; Urteil v. 26. August 41 Hoffmann, Küster, Erbel, Dr. Höher; § 5 Abs. 1 Ziff 3 und Abs. 2 KriegssonderstrafrechtsVO; LAV NRW, R, Rep. 113/19.

70 RGBl. I. 1934, S.1269.

71 *Vurgun*, Staatsanwaltschaft, S. 253 f.

72 LAV NRW, R, Rep. 113, 43.

73 LAV NRW, R, Rep. 113, 42.

74 LAV NRW, R, Rep. 113, 52.

75 Ebenda.

Der Führer ist ein Säufer

Das Verfahren gegen die Näherin Klara Lipp, geb. Rath, aus Berlin wurde wegen Unzurechnungsfähigkeit der Angeklagten eingestellt; Lipp hatte den Führer als „Säufer" tituliert.[76]

Hitlerbild beschmiert

Der niederländische Staatsangehörige Josef Künkels, Hilfsarbeiter aus Vaals, wurde wegen des Beschmierens eines Hitlerbildes zu einer Gefängnisstraße von 7 Monaten verurteilt. Das Gericht tagte unter der Besetzung Landgerichtsdirektor Hohwarde als Vorsitzer, Landgerichtsräte Dr. Wilbert und Kuhnert als Beisitzer und Staatsanwalt Zimmerath.

Dem Angeklagten wurde zu Gute gehalten, dass er nicht in der Lage sei, wie ein Deutscher Volksgenosse von dem Gefühl für den Führer ergriffen zu sein. Nach der Verbüßung seiner Haftstrafe wurde Künkels der Ausländerpolizei übergeben.[77]

Kneipenbummel durch Aachen

Im angetrunkenen Zustand – nach einem Kneipenbummel durch Aachen am 30. März 1941 vermindert schuldfähig – führte der Angeklagte Michael Alten aus Aachen, geb. 24. Juli 1892, staatsfeindliche Reden. Er schimpfte unter anderem über die Zuteilung der Fettrationen und äußerte dabei:

> Ich bekomme mit 3 Kindern im Monat ¾ Pfund Fett, während in England noch 1 Pfund ausgegeben wird.

Er äußerte sich abfällig über den Wert des Bündnisses mit den Verbündeten: „Nachdem wir schon Sonne nach Italien gebracht haben, müssen wir auch noch Sonne nach Japan bringen". Dann kam er auf die Judenfrage zu sprechen:

> Die Juden sind auch anständige Menschen, 90 reine Juden sind mir lieber als 10 Blaue oder Schwarze. Es ist eine Kulturschande, dass man die Juden von ihren Frauen trennt und zur Himmelsleiter (Bezeichnung einer Gegend bei Wahlheim-Roetgen) schickt und ihnen noch die Kinder enteignet.

Dann sprach der Angeklagte noch über den Nationalsozialismus und äußerte dabei:

> Nationalsozialismus gibt es nicht, entweder national oder sozialistisch. Der Nationalsozialismus ist ein Verbrechen.

---

76 LAV NRW, R, Rep. 113/114; Sondergericht Aachen 2 S Ms 29/42.

77 LAV NRW, R, Rep. 113/115; Sondergericht Aachen 2 S Ms 30/42.

Schließlich sprach er über die von der Staatsführung verfolgten Ziele: „Sie wollen ganz Europa vereinen ... aber die Rache wird furchtbar sein“.

Er wurde am 31. Juli 1941 vom Sondergericht gemäß § 2 Heimtückegesetz zu einer Freiheitsstrafe von fünf Monaten verurteilt.[78]

Das Urteil ist nach dem Krieg gemäß der Verordnung über die Gewährung von Straffreiheit – Verordnungsblatt Britische Zone 1947/68 – aufgehoben worden.[79]

10. Verbotener Umgang mit Kriegsgefangenen

a) Vorbemerkung

Am 25. November 1939 erließ die Reichsregierung die Verordnung zur Ergänzung der Strafvorschriften zum Schutz der Wehrkraft des deutschen Volkes – Wehrkraftschutzverordnung.[80] Sie bestimmte in § 4 Abs. 1:

> Wer vorsätzlich gegen eine zur Regelung des Umgangs mit Kriegsgefangenen erlassene Vorschrift verstößt oder sonst mit einem Kriegsgefangenen in einer Weise Umgang pflegt, die das gesunde Volksempfinden gröblich verletzt, wird mit Gefängnis, in schweren Fällen mit Zuchthaus bestraft.

Mit der vertraulichen Verfügung des Reichsjustizministeriums zum verbotenen Umgang mit Kriegsgefangenen wurden die Richter des Sondergerichts gezielt gelenkt. Es heisst hier auszugsweise:

> Die Kriegsgefangenen haben als Soldaten ihres Landes gegen Deutschland gekämpft, sie bleiben auch in der Gefangenschaft unsere Feinde..... Deutsche Frauen, die sich mit Kriegsgefangenen geschlechtlich einlassen, verraten damit die Front, sie verletzen gröblich ihre nationale Würde. Der geschlechtliche Umgang mit Kriegsgefangenen ist daher grundsätzlich mit empfindlichen Freiheitsstrafen zu ahnden. Bei der Bemessung der Strafen ist auf den Grad der Würdelosigkeit, die Intensität der Beziehungen und auf besondere Treueverbindungen der Frau bedacht zu nehmen.... Bei Geschlechtsverkehr sind in der Regel Zuchthausstrafen am Platze.[81]

---

78 LAV NRW, R, Rep. 113/17 – 2 S Ls 27/41 – S 60/41; van Wersch, Küster, Erbel, Staatsanwalt Dr. Höher.

79 Ebenda S. 50.

80 RGBl I. 1939, S. 2319.

81 Rechtsverordnung des RJM vom 14. Januar 1943 – 9250, zitiert nach *Paulus*, Sondergericht Bayreuth, S. 494.

b) Besondere Fälle

Serbische Kriegsgefangene

Das Sondergericht verurteilte am 9. Dezember 1943 die ledige Elisabeth St. aus Kirchhoven, geb. am 1. August 1920, zu 1 Jahr und 6 Monaten Zuchthaus, weil sie mehrfach Geschlechtverkehr mit einem serbischen Kriegsgefangenen hatte.[82]

Am 27. März 1944 stand Frau Sofia K., ebenfalls aus Kirchhofen vor dem Sondergericht Aachen - 2 S Ms 12/44.

Unter dem Vorsitz von Landgerichtsdirektor Noessel, Amtsgerichtsrat Ropohl und Gerichtsassessor van Kempen als Beisitzer sowie Landgerichtsrat Kuhnert als Beamter der Staatsanwaltschaft wurde die Angeklagte wegen § 4 Wehrkraftschutzverordnung zu einer Zuchthausstrafe von 1 Jahr verurteilt, weil sie sich mit einem serbischen Kriegsgefangenen eingelassen und mit ihm geschlechtlich verkehrt hatte.

Der Oberstaatsanwalt bei der Staatsanwaltschaft Aachen hat am 16. März 1946 – 5 K Ms 26/45 – die Freiheitsstrafe gem. § 1 des Straffreiheitserlasses vom 28. Januar 1946 einschließlich aller Nebenstrafen erlassen[83].

Polnischer Kriegsgefangener

Die Krankenschwester Lieselotte Ki., eine Krankenschwester aus Aachen, hatte mit dem polnischen Kriegsgefangenen Kasicki geschlechtlich verkehrt. Das Sondergericht – in der Besetzung Dr. Losenhausen, Schauergans, Ropohl und Dr. Marx – verurteilte die K. am 13. Dezember 1943 zu 20 Monaten Zuchthaus. Das Gericht führte aus, dass erschwerend zu berücksichtigen sei, dass Kasicki als Pole Angehöriger eines Volkstums sei, dessen Minderwertigkeit sich im Polenfeldzug in erschreckender Weise gezeigt habe.[84]

Das weitere Schicksal der Kriegsgefangenen ist nicht bekannt.

---

82 Sondergericht Aachen 2 SMs 27/43; Landgerichtsdirektor Howahrde als Vorsitzender, die Landgerichtsräte Schwengers und Kuhnert als Beisitzer; Staatsanwalt Wickmann; LAV NRW, R, Rep. 113/302.

83 LAV NRW, R, Rep. 113/218.

84 Sondergericht Aachen – 2 S Ms 36/43 5 K Ms 53/46; LAV NRW, R, Rep. 113/355.

III. Todesurteile

1. Die Urteile

Hans Kisch[85]

Der ledige Melker Hans Kisch aus Baesweiler, geb. am 8. April 1916 in Kellersberg, zur Tatzeit ohne festen Wohnsitz, stand am 13. Mai 1941 und 4. Juli 1941[86] als Angeklagter vor dem Sondergericht Aachen. Der 25jährige Kisch führte in der Zeit vom 23. September 1940 bis 4. November 1940 in der Umgebung von Aachen diverse Wohnungs- und Kellereinbrüche durch, wobei der Wert der Beute gering war. Zur Tatzeit ging Kisch keiner regelmäßigen Beschäftigung nach, trieb sich vielmehr in der näheren Umgebung seiner Heimat umher, übernachtete in Feldscheunen und lebte von Einbrüchen, bei denen er Wurst, Speck. Butter, Milch, Fleischbüchsen, aber auch Kleidungsstücke und sonstige Gegenstände von geringem Wert an sich brachte. Dabei ging das Gericht davon aus, Kisch habe bereits bei der Begehung der Tat den Vorsatz gehabt, Verdunklungsmaßnahmen bei der Beutesicherung auszunutzen.

Kisch war erheblich und einschlägig vorbestraft und hatte bereits mehrere Freiheitsstrafen verbüßt. Das Gericht verurteilte ihn nach § 2 VVO als gefährlichen Gewohnheitsverbrecher in Verb. mit §§ 243 I Nr. 2 StGB nach einer sechsstündigen Hauptverhandlung am 4. Juli 1941 zum Tode.[87]

Das fachärztliche Gutachten, das von der Anklagebehörde in Auftrag gegeben worden war, weist Kisch als „erheblich vermindert zurechnungsfähig“ aus.[88]

Im Urteil bezeichnete das Gericht Kisch als Herumtreiber und als asozialen Menschen, der

> auf Grund seiner Einstellung mit hemmungsloser Begierde Eigentumsdelikte verübt und dabei mit ehrloser Gesinnung die Kriegsverhältnisse ausnutzt.

Und weiter wird im Urteil ausgeführt:

---

85 LAV NRW, R, NW 174/193, Band I-IX.

86 Mit Nachtragsanklage wurden 6 weitere Fälle zur Aburteilung gestellt.

87 Das Gericht tagte in der Besetzung Landgerichtsdirektor Howahrde als Vorsitzender und Amtsgerichtsrat Küster und Landgerichtsrat Paulus als beisitzende Richter. Staatsanwalt Zimmerath war der Vertreter der Anklage - Sondergericht Aachen S Ls 18/41.

88 Ebenda Band I, Bl 200.

Der Angeklagte hat in einer Zeit, wo es Pflicht eines jeden Deutschen ist, sich restlos für die Gemeinschaft einzusetzen, sich dieser Pflicht gründlichst entzogen. Er ist keiner Arbeit nachgegangen, hat seinen Trieben folgend ein Vagabundenleben geführt und dabei ungeachtet früherer Bestrafungen Einbrüche im größten Ausmaße und als gefährlicher Gewohnheitsverbrecher begangen. Der Angeklagte ist ein vollkommen asozialer Mensch, der, wie das Verhalten in der Hauptverhandlung gezeigt hat, nicht die geringste Reue verspürt und der auch nicht zu bessern ist."

Der Generalstaatsanwalt in Köln hielt die Todesurteile in einem eingehend begründeten Bericht an den Reichsjustizminister in Berlin vom 16. Juli 1941 für bedenklich und empfahl eine Nichtigkeitsbeschwerde. Kisch habe Nahrungs- und Genussmittel von geringem Wert und zum alsbaldigen Verbrauch entwendet; dieser Mundraub sei als Übertretung nach § 370 Nr. 5 StGB zu qualifizieren und werde daher von der Volksschädlingsverordnung nicht erfasst, die sich nur auf schwere Vergehen und Verbrechen beziehe. Der Reichsjustizminister griff die Bedenken nicht auf. Er bestätigte vielmehr das Urteil am 6. August 1941.[89]

Über die Haftbedingungen des Kisch nach Verkündung des Todesurteils gibt ein Schreiben des Gefängnisleiters in Köln an den Oberstaatsanwalt bei dem Sondergericht in Aachen vom 08.07.1941 Aufschluss. Der Leiter des Gefängnisses schreibt:

Ich habe für Kisch folgende Sicherungsmaßnahmen angeordnet:

1) Kisch ist ständig gefesselt zu halten. An der Fessel, der acht, sind ein Leibriemen und ein Schenkelriemen angebracht.
2) Zu Kisch sind zwei ausgesuchte Gefangene zu legen.
3) Die Beobachtungsscheibe an der Zelle bleibt Tag und Nacht offen.
4) Die Zelle wird nachts über erleuchtet.
5) Die Zelle erhält Geräte aus Papiermaschee. Spiegel wird entfernt, Hosenträger und Leibriemen sind dem Gefangenen abzunehmen.
6) Kisch erhält nur nach Bedarf das Essbesteck, möglichst nur einen Löffel. Das Essbesteck, auch der Mitgefangenen, wird vor der Zellentür aufbewahrt.
7) Die Zelle ist von den Tages- und Nachbeamten streng zu beobachten, damit Selbstmordabsichten vereitelt werden.
8) Einzelspaziergang.
9) Zelle und Häftling sind öfters zu revidieren.

---

89 Ebenda Band IX Bl. 44 f.

10) Kleidung und Wäsche, auch der Mitgefangenen, sind bei Einschluss herauszulegen.

11) Wäsche und sonstige Gegenstände von draußen dürfen dem Gefangenen nicht verabreicht werden. Er trägt nur Anstaltskleider und Anstaltswäsche.

12) Kisch darf am Gottesdienst nicht teilnehmen. Falls er aber von sich aus den ernstlichen Wunsch äußert, am Gottesdienst teilzunehmen, wird er gefesselt durch einen Beamten, der ständig bei ihm bleibt, als Letzter in die Kirche geführt und als Erster zurückgebracht.

Ich bitte um baldgefällige Mitteilung, ob die Sicherheitsmaßnahmen als ausreichend angesehen werden oder ob noch weitere Maßnahmen für erforderlich gehalten werden.

Unterschrift.[90]

Das Urteil wurde am 19. August 1941 im Kölner Klingelpütz vollstreckt.

Das Todesurteil in Sachen Kisch wurde mit Beschluss des OLG Köln – 2 Ws 284/92 – vom 18. Januar 1994 aufgehoben, soweit eine Verurteilung als Volksschädling erfolgte Das OLG stellt in seiner Entscheidung fest:

> Die formellen Aufhebungsvoraussetzungen sind erfüllt. Die Befugnis der Antragstellung durch die Generalstaatsanwaltschaft folgt aus § 1 Abs. 4 iVm Abs. 1 des Gesetzes zur Beseitigung nationalsozialistischer Unrechtsurteile vom 25. Mai 1990 – BGBl. I S. 966. Danach kann die Generalstaatsanwaltschaft die Aufhebung von zwischen dem 30.01.1933 und dem 08.05.1945 ergangenen Urteile in Strafsachen insoweit beantragen, als ihnen Taten zu Grunde liegen, ... die allein nach nationalsozialistischer Auffassung strafbar waren."

Und weiter heißt es:

> Die Verordnung gegen Volksschädlinge beruhte zweifellos auf einer rein nationalsozialistischen Ideologie. Sie ist denn auch durch Artikel I Nr. 1f des Kontrollratsgesetzes Nr. 11 vom 30.01.1946 aufgehoben worden. ....
>
> Schon der Begriff „Volksschädling" lässt sprachlich anklingen, dass es um „Ausscheidung" und „Ausmerzung" ging, mithin um eine „Entlastung und Reinigung des Volkskörpers" durch das „Ausschalten oder Vernichten" von Personen.[91]

90 LAV NRW, R, NW174/198, Vollstreckungsheft, S. 17.

91 OLG Köln – 2 WS 284/92 vom 18. Januar 1994 unter Hinweis auf *Werle*, Strafrecht als Waffe, S. 952, 954.

Heinrich Wüffel[92]

Ein weiteres Todesurteil erging am 12. Februar 1942 gegen den Bauarbeiter Heinrich Wüffel, geboren am 13. August 1900 in Merken. Wüffel war verheiratet und lebte bis Mai 1941 in Inden, Hauptstraße 96. Er war danach bis zu seiner Verhaftung am 6. September 1941 flüchtig.

Wüffel war einschlägig vorbestraft und war von 1934 bis 1939 in polizeilicher Vorbeugungshaft im KZ Flossenbürg. Nach seiner Entlassung verübte er von April 1940 bis September 1941 diverse vollendete und versuchte Einbruchsdiebstähle. Im Urteil des Sondergerichts Aachen vom 12. Februar 1942 wurde die Verurteilung mit den Strafvorschriften der §§ 242, 243, 244, 20a ff. StGB begründet. Die Anwendung der Volksschädlingsverordnung lehnte das Gericht ab. Die Verhängung der Todesstrafe wurde auf die §§ 1, 10 des Gesetzes zur Änderung des Reichsstrafgesetzbuches vom 4. September 1941 gestützt.[93] Das Gesetz hatte die Todesstrafe nach den Straftaten des Angeklagten Wüffel eingeführt. Das Gericht wandte die Strafvorschriften – wie damals üblich – mit rückwirkender Kraft an, wobei es Wüffel als gefährlichen Gewohnheitsverbrecher charackterisierte und feststellte:

> Der Angeklagte hat keinen Wert für die Volksgemeinschaft. Er stellt für sie nur eine große Gefahr und eine Belastung dar. Gerechte Sühne verlangt, ihn wegen der Schwere seiner Taten aus der Volksgemeinschaft auszumerzen.[94]

Schon in der Anklageschrift des Oberstaatsanwalts Führer vom 10. Dezember 1941 wurde die harte Strafe angekündigt:

Das Urteil gegen Wüffel wurde im Kölner Gefängnis Klingelpütz am 10. April 1942 vollstreckt.

Paul Schöner[95]

In der Hauptverhandlung vom 16. September 1942 verkündete das Sondergericht Aachen in der Besetzung Landgerichtsdirektor Howarde als Vorsitzender, Amtsgerichtsrat Küster und Gerichtsassessor Dr. Keutgen als beisitzende

92 LAV NRW, R, NW 174/194; das Sondergericht Aachen urteilte in der Besetzung Landgerichtsdirektor Howahrde als Vorsitzender und Amtsgerichtsrat Küster und Landgerichtsrat Paulus als beisitzenden Richtern. Anklagevertreter war Staatsanwalt Zimmerath, LG Aachen 2 S Ls 8/42.

93 RGBl. I. 1941, S. 549.

94 LAV NRW, R, NW 174/194, S. 146.

95 BArch, R 3001/IV g 241217/44; Sondergericht 2 SLs 113/42; vgl. auch *Birmanns*, Aachener Justiz, S. 249 f, 254.

Richter – Staatsanwalt Zimmerath – ein weiteres Todesurteil. Betroffen war Paul Schöner, der am 8. November 1902 in Würselen-Morsbach als Sohn eines kleinen Landwirts und Holzhändlers und Gastwirts geboren wurde. Im Jahre 1928 übernahm er die väterliche Gastwirtschaft, in der die NSDAP und die SA ihr sogenanntes Verkehrslokal einrichteten. Schöner trat der NSDAP im Jahre 1928 bei. Später wurde er Ortsgruppenleiter der Partei in Würselen. 1934 erhielt er den Auftrag, als Beauftragter der DAF die Verbrauchergenossenschaft Würselen als gewerkschaftlich orientierten Betrieb im nationalsozialistischen Sinne auszurichten.

Die Genossenschaft betrieb eine Bäckerei, eine Metzgerei, eine Kaffeerösterei, 77 Lebensmittel- und 14 Textil- und Schuhwarenfilialen und 8 Fleischverteilungsstellen sowie eine Geflügelfarm. Das Sondergericht sah es als erwiesen an, dass sich Schöner wegen eines Verbrechens nach § 1 Abs. 1 der KrWVO in Tateinheit mit schwerer Untreue und wegen drei vollendeter und eines versuchten Kriegswirtschaftsvergehens, wegen vier vorsätzlicher und eines fahrlässigen Vergehens gegen § 1 Abs. 1 Nr. 1 der Verbrauchsregelungsstrafverordnung, wegen fünf Vergehen der Untreue in Tateinheit mit Unterschlagung und wegen eines Sittlichkeitsverbrechens nach § 174 Abs. 1 Nr. 1 StGB schuldig gemacht hatte. Das Gericht sah es als besonders schwerwiegend an, dass der Angeklagte 70 Zentner Brotreste vor den Augen der Mitarbeiter an seine Pferde und Schweine verfüttert habe. Außerdem habe er Lebensmittel für sich und seine Familie und seine Freunde bezogen, um – wie im Frieden – leben zu können. Er habe bei einem großen Teil der Bevölkerung in Würselen die Opferfreudigkeit und den Willen zum letzten Einsatz beeinträchtigt. Er habe sein Treiben schamlos und gewissenlos fortgesetzt. Es liege ein besonders schwerer Fall vor, so dass die Todesstrafe geboten sei.

Landgerichtspräsident Hermanns erklärte in einem Bericht an das Reichsjustizministerium[96] – nicht datiert – als „Beitrag zum Problem Justizkrise und ihrer Behebung,“ der Fall Schöner habe über die Grenzen des Regierungsbezirks Aachen hinaus „ungeheures Aufsehen erregt“. Seit vielen Jahren habe die Öffentlichkeit an keinem Prozess so leidenschaftlich Anteil genommen wie an diesem. Das Todesurteil habe der Volksmeinung entsprochen. Der Angeklagte sei wegen seines ungerechten, eigennützigen und brutalem Auftretens in außergewöhnlichem Maße verhasst gewesen. Der Betriebsführer der Gruppe GOULEY des Eschweiler-Bergwerks-Vereins in Würselen Theodor Koch habe – als Zeuge in dem Strafverfahren gegen Schöner vernommen – berichtet, dass Schöner ganz allgemein der „Stalin von Würselen“ genannt wurde. Er

96 BArch, R 3001/IV g 1217/44.

habe sich nur durch Brutalität halten können. Alle hätten vor ihm gezittert. Die Verhaftung habe auf die Bevölkerung in Würselen wie eine Erlösung gewirkt. Seine Verfehlungen hätten eine tiefe Verbitterung ausgelöst. Diese allgemeinen Werturteile werden alsdann durch den Berichterstatter mit konkreten Geschehensabläufen und Tatsachen belegt. Insbesondere kritisierte Hermanns auch die Haltung des Kreisleiters Schubert, der das Strafverfahren genau verfolgt hatte und als Zeuge erklärte, dass er selbst an einer auf Fahrlässigkeit beruhenden Schuld des Schöner nicht glaube. Strafbar sei das Verhalten des Schöner auch deshalb nicht, denn die Partei habe Schöner auf diesen Posten gesetzt und die Partei trage dann auch die Schuld. Im Übrigen durften von politischen Leitern in besonders notwendig erkannten Fällen auch gesetzliche Bestimmungen übertreten werden. Der Kreisleiter habe schließlich in besonders schroffer Weise als Zeuge erklärt, er verstehe die Anschauungen des Gerichts nicht. Er müsse das Gericht belehren. Er habe die von ihm mitgebrachten Gesetzbücher mehrfach in die Hand genommen und sich unmissverständlich abfällig über die Gerichtsverfahren geäußert.[97]

Nach Meinung Birmanns war der Bericht des Landgerichtspräsidenten Hermanns für den Reichsminister Dr. Thierack Anlass gewesen, Hermanns vorzeitig aus dem Dienst zu entlassen.[98]

Entgegen der üblichen Vollstreckung durch Enthauptung wurde Schöner durch ein Kommando der Schutzpolizei in Aachen-Forst am 13. April 1943[99] erschossen.

Wilhelm Obladen[100]

Am 17. Mai 1943 verurteilte das Sondergericht Aachen II den am 20. Mai 1915 in Lammersdorf geborenen, in Düren wohnhaften, erheblich vorbestraften Sandformer Wilhelm Obladen zum Tode. Obladen wurde von seinen Eltern nicht versorgt, so dass er zunächst in ein Waisenhaus kam. Später wurde er von seiner Großmutter aufgezogen. Obladen war seit seiner Jugend fortlaufend straffällig. Sein Strafregister wies 17 Vorstrafen auf. Es handelte sich fast

97 Ebenda.

98 *Birmanns*, Aachener Justiz, S. 251, Fußnote 141.

99 Vollstreckungsbericht, BArch. , R 3001, Nr. 163395, S. 285.

100 LAV NRW, R, NW 174/195; LG Aachen 2 S Ls 33/43 – II S 27/43 in der Besetzung mit Landgerichtsdirektor Dr. Losenhausen als Vorsitzenden und der Landgerichtsräten Schauergans und Kuhnert als beisitzenden Richtern. Als Staatsanwalt fungierte Dr. Marx.

durchweg um Betrug, Unterschlagung und Diebstahl. Oberstaatsanwalt Führer führte in der Anklageschrift vom 29. Januar 1943 folgendes aus:

> Die Vorstrafen des Angeklagten beweisen auch, dass es sich bei ihm um einen arbeitsscheuen, unverbesserlichen Gewohnheitsverbrecher handelt. Am 20. August 1942 war er nach Verbüßung einer Strafe von 1 Jahr und 9 Monaten aus der Strafhaft entlassen worden. Schon einige Wochen nach seiner Entlassung fiel er wiederum in seine alten Fehler und zeigte damit, dass die bisherigen Verurteilungen auf ihn nicht die erforderliche Wirkung gehabt hatten. Die von dem Angeklagten begangenen Straftaten beweisen, dass er einen inneren Hang zur Wiederholung von Rechtsbrüchen besitzt und mit hoher Wahrscheinlichkeit die Annahme gerechtfertigt ist, dass er künftig neue Straftaten bei seiner inneren Haltlosigkeit begehen wird.[101]

Der Kölner Generalstaatsanwalt wies den Aachener Staatsanwalt mit Schreiben vom 5. Februar 1943 wie folgt an:

> Wie in der Anklageschrift (Blatt 12 a.a.O.) zutreffend ausgeführt, ist der Angeklagte ein arbeitsscheuer, unverbesserlicher Gewohnheitsverbrecher. Er verdient schon nach seiner Persönlichkeit und seinem Vorleben keine Milde. Dazu kommt aber als besonders erschwerend, dass er neben seinen sonstigen neuen Straftaten in ganz kurzer Zeitfolge die außerordentlichen verwerflichen Betrügereien zum Nachteil der Krieger Wagner und des kriegsversehrten Engels sowie den Diebstahl zum Nachteil der total fliegergeschädigten Familie Merzenich in voller Kenntnis der gesamten Tatumstände, und zwar die Betrügereien – ebenso wie im Falle Wollersheim – unter Ausnutzung des Kriegszustandes im Sinne des § 4 VVO und den Diebstahl so unter Ausnutzung der zur Abwehr von Fliegergefahr getroffenen Maßnahmen in Sinne des § 2 VVO begangen hat. … Es dürfte danach zu erwägen sein, ob nicht bereits im Falle Merzenich ein besonders schwerer Fall anzunehmen und schon dieserhalb die Todesstrafe zu verhängen ist. In jedem Fall erscheint mir aber die Anwendung des § 1 des Gesetzes zur Änderung des Reichstrafgesetzbuches vom 4. September 1941 gegen den Angeklagten, dem bereits wiederholt die Sicherungsverwahrung angedroht worden ist, ohne dass dies bei ihm den geringsten Eindruck hinterlassen hätte, und den man im Übrigen bisher wohl viel zu milde angefasst hat, geboten, da unter den dargelegten Umständen meines Ermessens sowohl der Schutz der Volksgemeinschaft als auch das Bedürfnis nach gerechter Sühne die Todesstrafe erfordern. Ich bitte dieser Stellungnahme bei der weiteren Sachbehandlung Rechnung zu tragen."[102]

Obladen wurde zur Last gelegt, dass er als Dienstverpflichteter seiner Arbeit in der Zuckerfabrik Düren nicht nachgegangen sei; eine Schrankenwärterin habe er um 50 Reichsmark, eine Hausangestellte um 65 Reichsmark betrogen. Einer in Aachen ausgebombten total geschädigten Familie habe er aus dem Luftschutzkeller den Rest der Habe gestohlen und in Moresnet für 350 Reichsmark verkauft. Das Sondergericht stellte Arbeitsvertragsbruch, fortgesetzten Rück-

101 LAV NRW, R, NW. 174/195, S. 21

102 LAV NRW, R, NW. 174/195, S. 22 f.

fallbetrug und fortgesetzten Rückfalldiebstahl fest. Es verurteilte Obladen als Volksschädling gemäß §§ 2,4 VVO in Verbindung mit §§ 263, 264, 242, 244, 245, 20a StGB zum Tode. In der Urteilsbegründung wird festgestellt:

> Diese Strafe würde auch im Hinblick auf das Gesetz vom 4. September 1941 am Platz gewesen sein, denn der Schutz der Volksgemeinschaft und das Bedürfnis nach gerechter Sühne erfordern sie zwingend. Der Angeklagte ist ein asoziales Element, das keine Gefühlsregungen gelten lässt. Es ist ihm gleichgültig, wen er schädigt. Gerade durch sein Verhalten in den Diebstahlsfällen hat er die Belange der Volksgemeinschaft in einer Weise missachtet und mit Füßen getreten, dass er für diese nicht mehr tragbar ist.[103]

Das Urteil wurde am 31. August 1943 im Beisein von Staatsanwalt Marx in Köln vollstreckt, nachdem das Gnadengesuch des Rechtsanwalts Brehm aus Aachen vom 3. September 1943 zurückgewiesen worden war.[104]

Hubert Bremen[105]

Der arbeitslose, erheblich vorbestrafte 43-jährige Bergmann Hubert Bremen aus Aachen erhielt am 26. August 1943 die Todesstrafe. Der Tenor des Urteils lautet:

> Der Angeklagte wird als todeswürdiger Sittlichkeitsverbrecher wegen in zwei Fällen begangener Amtsanmaßung, Freiheitsberaubung und Notzucht, wobei er sich in einem Falle als Kriminalpolizeibeamter ausgab, nach § 1 des Gesetzes vom 4. September 1941[106] und § 1 der Verordnung vom 9. April 1942 (Erweiterungsverordnung) zum Tode verurteilt.[107]

In den Urteilsgründen wird der Angeklagte wie folgt beschrieben:

> Der Angeklagte ist ein leicht schwachsinniger, affekterregbarer, zu Diebstählen neigender, moralisch minderwertiger Psychopath.[108]

Und weiter heißt es im Urteil:

> Der Schutz der Volksgemeinschaft erfordert daher, den Angeklagten aus der Gemeinschaft auszumerzen.[109]

---

103 LAV NRW, R, NW. 174//195, S. 2 ff.

104 Ebenda, Vollstreckungsheft, S. 7.

105 LAV NRW, R, NW. 174//196 2 S Ls 139/43; das Sondergericht Aachen tagte in der Besetzung Landgerichtsdirektor Fritz als Vorsitzenden und dem Langerichtsrat Schwengers und dem Amtsgerichtsrat Küster als beisitzende Richter; Staatsanwalt war Dr. Marx.

106 Gesetz zur Änderung des Reichsstrafgesetzbuches, RGBl 1941 I, S. 549.

107 RGBl. I., 1942, S. 549 bzw. S. 174.

108 LAV NRW, R, NW. 174/196, S. 2.

Das Gericht sah den nicht geständigen Angeklagten aufgrund von Zeugenaussagen sowie aufgrund von Sachverständigengutachten als überführt an, im Oktober 1942 und am 14. November 1942 in den Anlagen am Ehrenmal in Aachen zwei Frauen vergewaltigt zu haben. Dabei soll er sich in einem Fall als Kriminalbeamter ausgegeben und dem Opfer angedroht haben, es zu erschießen, wenn es nicht willig sei.

Bremen wurde am 26. Oktober 1943 im Gefängnis Klingelpütz in Köln auf dem Schafott hingerichtet.[110] Seine Leiche wurde der Anatomie der Universität Bonn übergeben.[111]

Phillip Hubert Lövenich[112]

Der Zugführer bei der Reichsbahn Phillip Hubert Lövenich aus Jülich, geboren am 26.03.1896 in Kirchberg bei Jülich, Mitglied der NSDAP seit 1933, stand am 19. Oktober 1943 vor dem Sondergericht Aachen.

Lövenichs Haus in Jülich stand am Bahndamm. Sein Gemüse- und Obstgarten reichte bis zum Fuß der Böschung. Und oft, wenn der Dampfzug vorüberfuhr, stand der Angeklagte Lövenich im Packwagen und warf ausgesuchte Koffer und Pakete in seine Beerenbüsche. Am Bahnhof fertigte er „*Verlustmeldungen*" auf amtlichem Vordruck für die Gepäckstücke aus. Lövenich machte enorme Beute. Pelze, Kleider, Stoffe und Wertsachen verkaufte er auf dem Schwarzmarkt und erklärte den Kunden:

> Auf der Bahn komme ich viel rum. Ich kaufe die Sachen von Soldaten, die aus Belgien und Frankreich mit den Zügen auf Urlaub kommen.

So schaffte Lövenich innerhalb kurzer Zeit 50-60 Paketsendungen im Werte von ca. 25.000 Reichsmark beiseite. Seine Ehefrau half ihm bei den „Raubzügen".

Das Sondergericht verurteilte Lövenich zum Tode, weil er ihm anvertraute Eisenbahngüter unter Ausnutzung der Kriegsverhältnisse gestohlen hatte. Das Gericht stützte sein Urteil auf § 4 VVO in Verbindung mit §§ 242, 243 Abs. 1 Nr. 4, 133, 248 Abs. 2 StGB. Der Sachverständige Dr. Stillger hatte Lövenich

---

109 Ebenda, Urteil, S. 12.

110 *Forsbach*, Universität Bonn im Dritten Reich, S. 534.

111 Ebenda.

112 LAV NRW, R, NW. 174/197 Band I-III; Sondergericht Aachen 2 S Ls 147/43; Besetzung der Kammer: Landgerichtsrat Schwengers als Vorsitzender, Landgerichtsrat Kuhnert und Gerichtsassessor Dr. Kemper als Beisitzer, Staatsanwalt Zimmerath.

für voll verantwortlich für seine Taten erklärt. Der Angeklagte hatte in seinem Schlusswort gebeten, seine Straftat wieder gutmachen zu dürfen, vergeblich.

Im Urteil wird ausgeführt:

> Im 4. Kriegsjahr, wo auch der letzte Deutsche weiß, dass er unbedingt seine Pflicht tun muss, hat sich der Angeklagte zu einem Verbrecher größten Ausmaßes entwickelt, der die Verknappung an Waren verschiedenster Art ausnutzte, die im Schleichhandel erworbenen Sachen zu Überpreisen weiter zu verkaufen und schließlich ihm anvertraute Güter entwendete, um auch hiermit zum größten Teil Wuchergeschäfte zu machen. Während an der Front unsere Soldaten im härtesten Abwehrkampf gegen den Bolschewismus und seine Verbündeten stehen, hat der Angeklagte jede ihn durch den Krieg gebotene Gelegenheit genutzt, sich ein Vermögen zu erraffen, um nach den Kriege als wohlhabender Mann darzustehen, während andere die Heimat verteidigt und für ihn und seine Zukunft ihr Leben aufs Spiel gesetzt haben. ... Solche Menschen sind für die Volksgemeinschaft nicht mehr tragbar und müssen ausgemerzt werden, und zwar auch aus dem Grund, um durch eine unnachsichtige und rücksichtslose Verfolgung der Eisenbahnmarder das erschütterte Vertrauen der Bevölkerung in die Reichsbahn wieder zu festigen. .... Es gibt für ihn nur eine gerechte Strafe und das ist die Todesstrafe.“[113]

Schon in der Anklageschrift vom 18. August 1943 hatte Oberstaatsanwalt Führer die Todesstrafe gefordert und insoweit ausgeführt:

> Der Angeklagte Lövenich hat im größten Umfange die kriegsbedingten Verhältnisse bei seinen Straftaten ausgenutzt und das Vertrauen in die Reichsbahn in gröbster Weise untergraben. Sein gewissenloses Handeln, das nur gemeiner Geldgier entsprang und das er ungeachtet der ihm bekannten scharfen Ahndung solcher Straftaten ausübte, kennzeichnet ihn als gemeingefährlichen Volksschädling, der für die Volksgemeinschaft untragbar geworden ist.[114]

Auch die Ehefrau des Angeklagten Lövenich wurde verurteilt. Sie erhielt wegen Hehlerei eine Zuchthausstrafe von 3 Jahren.

Das Urteil wurde am 30. November 1943 im Gefängnis Klingelpütz in Köln durch den Scharfrichter Mühl vollstreckt.

Die gegen Lövenich verhängte Todesstrafe wurde auch in den örtlichen Zeitungen veröffentlicht. In der *Dürener Zeitung* vom 22. Oktober 1943 fand sich ein Artikel mit der Überschrift: „Todesstrafe für einen Eisenbahnräuber.“

Ein ähnlicher Artikel fand sich im *Westdeutschen Beobachter für Düren* vom 26. Oktober 1943 mit der Überschrift „Todesurteil gegen Eisenbahndieb“.[115]

---

113 Ebenda S. 114.

114 LAV NRW, R, NW. 174/197, S. 68.

115 LAV NRW, R, NW. 174/197, S. 17f.

Wilhelm Mehring[116]

Wilhelm Mehring aus Aachen-Burtscheid, geboren am 18. Oktober 1912, war seit 1936 am Aachener Hauptbahnhof tätig. Er war als Kraftfahrer und Hilfskraft bei der Aachener Gepäckträgergemeinschaft, einer privaten Firma, angestellt. Sie hatte die Aufgabe, die eingehenden Gepäckstücke und Expressgutsendungen den Empfängern zuzustellen. Mehring galt als ordentlicher und zuverlässiger Arbeiter und war nicht nennenswert vorbestraft. Der Sachverständige Dr. Stillger hielt ihn für leicht beschränkt, aber für seine Taten voll verantwortlich. Es handele sich bei Mehring um einen harmlosen Menschen, der sich in Zukunft in dieser Weise nicht mehr strafbar machen wird, zumal er seine Taten ernsthaft bereut.[117]

Mehring entwendete ab Anfang des Jahres 1942 400 Pfund Fleisch- und Wurstwaren, Wein, einen Ballen Handtuchstoff, einen Ballen Hemdenstoff, 40 Stränge Strickwolle u.a. mehr. Es handelte sich sämtlich um Eisenbahnexpressgut. Ein Teil der Diebesbeute konnte den Geschädigten nach Aufdecken der Taten zurückgegeben werden. Den finanziellen Schaden machte Mehring bis auf einen Rest von 500,00 Reichsmark wieder gut.

Gleichwohl verurteilte ihn das Sondergericht Aachen als Volksschädling wegen Entwendung und teilweise Beraubung von Expressgutpaketen in mindestens 60 Fällen gemäß § 4 VVO, § 1 KrWVO, §§ 242, 259, 260, 348, 349 StGB am 4. Dezember 1943 zum Tode. Das Gericht warf dem Angeklagten Gewinnsucht und Geldgier vor. Er habe seine Vertrauensstellung missbraucht, obwohl er u.K. gestellt worden sei, während „andere Volksgenossen draußen im Felde im Kampfe gegen den Bolschewismus ihr bestes" hergeben müssten.

Zusätzlich wird im Urteil festgestellt:

> Wer in diesen schweren Kriegszeiten unter vorsätzlicher Ausnutzung der Kriegsverhältnisse sich an wichtigen Volksgutmengen – und wertmäßig in so schwerwiegender Weise vergeht, wie es der Angeklagte getan hat, für den verlangt das gesunde Empfinden des Volkes auch eine Ausnahmebehandlung im Strafmaß, gleichviel, wie er sich früher geführt haben mag. .... Das Sondergericht ist der Auffassung, dass die Tat so äußerst verwerflich ist, dass nur die Strafe des Todes als „verdiente" Strafe in Frage kommt. Der Beweggrund des Angeklagten ist krasseste Gewinnsucht. Er wollte nach dem Kriege wohlgestellter Landwirt sein. Rund 1¼ Jahr hat er sein schändliches Treiben fortgesetzt. .... Die häufigen

116 LAV NRW, R, NW. 174/198 Band I-III; Sondergericht – 2 S Ls 129/43 – in der Besetzung Landgerichtsdirektor Dr. Losenhausen als Vorsitzender und Landgerichtsrat Schauergans und Amtsgerichtsrat Ropohl als beisitzende Richter; Staatsanwalt war Dr. Marx.

117 Ebenda S. 142.

> Hinweise in den Zeitungen auf Verurteilungen von Räubern am Eisenbahngut zur Todesstrafe oder schwersten Zuchthausstrafen sowie die einschlägigen dauernden Belehrungen durch seinen Dienstherrn über die Schwere der drohenden Strafen lösten bei ihm keinerlei Hemmungen aus. Hier kann man nicht vom grenzenlosen Leichtsinn eines im Grunde genommen doch harmlosen Menschen sprechen, wie es vom Verteidiger des Angeklagten und auch vom psychiatrischen Sachverständigen angedeutet worden ist. Der Angeklagte Mehring besitzt vielmehr recht viel verbrecherische Energie. Er ist charakterisch schon stark angefault und in seiner Gesinnung als ein asoziales Element zu werten. ... Er ist als „Marder" zu bestrafen.[118]

Das Todesurteil wurde am 18. Januar 1944 um 15.00 Uhr in Anwesenheit von Staatsanwalt Marx im Gefängnis Klingelpütz vollstreckt.

Josef Klimm[119]

Der ledige Filmvorführergehilfe Josef Klimm, wohnhaft in Aachen, geb. am 28. April 1920, stand am 17. Januar 1944 vor dem Sondergericht Aachen.

Klimm war bei Kriegsausbruch Schlossergeselle bei einer Metallwarenfabrik in Menden. Im Oktober 1940 wurde er zur Wehrmacht einberufen. Nachdem er zuerst bei der Besatzungstruppe in Frankreich Verwendung gefunden hatte, nahm er ab dem 22. Juni 1941 am Ostfeldzug teil. Im August 1941 wurde er verwundet, weshalb er von der Wehrmacht freigestellt wurde. Klimm war zunächst in einem Lichtspielbetrieb in Dortmund – Capitoltheater – als Filmvorführgehilfe tätig. Als dieses Lichtspielhaus durch feindlichen Fliegerangriff zerstört wurde, fand Klimm am 16. Juni 1943 eine Stellung als Filmvorführgehilfe beim Lichtspieltheater Ufa – Capitol – in Aachen. Als Wohnräume wurden ihm zwei hinter der Bühne liegende Artistenzimmer zugeteilt.

Das Sondergericht sah den Angeklagten als überführt an, nach Luftangriffen in Dortmund und Aachen im Mai und Juli 1943 geplündert zu haben. In Dortmund entwendete er ein Radiogerät und einen Koffer mit Damenbekleidung. In Aachen einen erheblichen Bestand an Kleidung, Nahrung, Schmuck etc. Klimm wurde wegen Verbrechen nach § 1 VVO zum Tode verurteilt.[120] Er habe die Schutzlosigkeit ausgebombter Personen nach einem Luftangriff ausgenutzt.

---

118 Ebenda

119 LAV NRW, R, NW. 174/199; LG Aachen – 2 SLs 202/43 – 2 S 210/43 – in der Besetzung Landgerichtsdirektor Dr. Losenhausen, Landgerichtsrat Schauergans und Amtsgerichtsrat Ropohl. Als Vertreter der Anklage fungierte Staatsanwalt Wickmann.

120 Urteil vom 17. Januar 1944.

Bereits in der Anklageschrift des Oberstaatsanwalts Führer vom 28. September 1943 wurde das Todesurteil vorgegeben. Führer führt aus:

> Die Tat des Klimm ist im höhsten Grade verabscheuenswürdig. Er hat zu wiederholten Malen aus eigensüchtigen Beweggründen Fliegergeschädigte um ihr letztes gerettetes Hab und Gut gebracht. Dass später ein Teil der in Aachen geschädigten Personen sein durch die Polizei sichergestelltes Eigentum wiedererlangt hat, war nicht sein Verdienst. Wenn Klimm auch durch seine im Ostfeldzug erlittene schwere Verwundung dem Vaterland ein hoch zu veranschlagendes Opfer gebracht hat, der im Übrigen bisher noch unbestraft ist, so kann es doch bei der Gemeinheit der Tat, deren Schwere durch die wiederholte Begehung, die Menge und den Wert der entwendeten Sachen noch besonders unterstrichen wird, keinem Zweifel unterliegen, dass der Angeklagte als Plünderer im Sinne des § 1 VVO anzusehen ist.

Im Verfahren vor dem Sondergericht erstattete der Sachverständige Dr. Stilger von der Provinzial Heil- und Pflegeanstalt Düren ein psychatrisches Gutachten. In diesem Gutachten vom 16. November 1943 führt Stilger aus:

> Klimm ist ein etwas primitiver, nicht ausgereifter Mensch, der seine Taten sehr bereut. Bei Klimm sind möglicherweise die Voraussetzungen des § 51 Abs. 2 StGB gegeben.[121]

Das Sondergericht lehnt die Anwendung des § 51 Abs. 2 StGB im Falle Klimm ab und führt aus:

> Aufgrund dieses festgestellten Sachverhalts hat das Gericht den Angeklagten des Plünderns im Sinne des § 1 VVO für schuldig befunden. Zwar heißt es in dieser Bestimmung, dass mit dem Tode bestraft werde, wer im freigemachten Gebiet oder in freiwillig geräumten Gebäuden oder Räumen plündert. Den Tatbestand des Plünderns hat der Gesetzgeber offensichtlich mit Vorbedacht begriffsmäßig nicht festgelegt. Soweit es sich um den Hauptfall des Plünderns, der sich in der Form des Diebstahls vollzieht, handelt, soll derjenige, der Strafe des § 1 VVO verfallen, dessen Tat die Volksgenossen nicht mehr als Stehlen oder Klauen, sondern als ein gemeines Plündern bezeichnen und der selbst von der Volksgesittung entsprechend verdammt wird. Dies ist aber nicht nur dann der Fall, wenn der Täter in die Gebäude oder Räume, welche die Bewohner unter den Wirkungen eines auf diese Gebäude oder Räume unmittelbar gerichtet gewesenen Terrorangriffs verlassen haben, nach Lage der Dinge wegen eigener Lebensgefährdung ohne Abwartung behördlicher Anordung auch zum Verlassen gezwungen waren, eindringt und sich nun an der in der Not zurückgelassenen Habe in mengen- und wertmäßig nicht unbeträchtlicher Weise vergreift. Es gilt auch und wird mit Recht nicht anders aufgefasst, wenn die mühselig gerettete Habe, sei es durch die Eigentümer selbst, oder eingreifende Hilfskräfte noch vor die Haustüre auf die Straße gesetzt oder vorläufig zur Not in der nächsten Nachbarschaft in nicht bewohnten und auch nicht verschließbaren Räumen untergestellt werden konnte und nunmehr der Angriff auf sie an diesen Plätzen erfolgt. Niemand wird be-

121 LAV NRW, R, NW. 174/199, S. 103.

haupten wollen, dass unter solchen Umständen das Gut der Fliegergeschädigten nicht mehr als „schutzlos" angesehen werden könne. Das hieße, das starke Durcheinander verkennen, welches die Terrorangriffe auslösen, insbesondere aber die begreifliche Verwirrung bei den ausgebombten Personen selbst, die zudem nicht neben ihrer Habe zur Bewachung verbleiben.... und auf diese Schutzlosigkeit kommt es entscheidend an. Sie ist es ja gerade, welche der Täter ausbeutet und ausbeuten will. Wer dies wegen des Wortlautes des § 1 VVO nicht gelten lassen will, muss notwendig im Wege der Rechtsschöpfung nach gesundem Volksempfinden gem. § 2 StGB zu dieser Auffassung gelangen. Würde man dies nicht tun, würden gerade die hauptsächlich vorkommenden Fälle von Angriffen auf das schutzlos gewordene Eigentum fliegergeschädigter Personen nach Terrorangriffen, die in den Augen des Volkes echte Plünderungsfälle sind, nur auf dem Umwege über § 4 VVO erfasst werden können. Es war dann nur noch zu fragen, ob die Persönlichkeit und vor allem die Gesinnung des Angeklagten der Anwendung des § 1 VVO entgegenstehen, weil der Angeklagte den sogenannten Tätertyp eines Plünderers nicht darstellt. Das Sondergericht ist der Auffassung, dass der Angeklagte Klimm diese Frage selbst beantwortet hat und zwar in einem ihm nachteiligen Sinne. ...

Eine gemeinere und gleichzeitig gemeinschaftsfeindlichere Gesinnung ist kaum auszudenken; sie ähnelt sehr derjenigen des Leichenfledderers auf dem Schlachtfelde. Für einen solchen Verbrecher sieht das Gesetz die Todesstrafe zwingend vor und es wird auch niemanden geben, der der Auffassung wäre, dass der Angeklagte für die Volksgemeinschaft vielleicht doch noch tragbar sei."[122]

Klimm wurde am 11. Februar 1944 im Gefängnis Klingelpütz in Köln hingerichtet. Seine Leiche wurde dem Anatomischen Institut der Universität Bonn zur Verfügung gestellt.[123]

Raymond Dombret[124]

Nach der Besetzung Aachens durch alliierte Truppen tagte das Sondergericht Aachen in Düren im dortigen Amtsgericht.

Am 10. Oktober 1944 verhandelte das Gericht. gegen den Werkmeister Raymond Dombret aus Köln [125]. Der am 11. Juni 1889 in Malmedy geborene, nicht vorbestrafte Angeklagte war seit 1940 Mitglied der NSDAP. Als politischer Leiter – Ortsgruppenschulungsleiter - kam er im September 1944 zur Hilfeleistung bei der Räumung in die Aachener Gegend. Er hatte den Auftrag, das

122 LAV NRW, R, NW 174/199, S. 132f.

123 *Forsbach*, Universität Bonn im Dritten Reich, S. 533; dies geschah in den Fällen, in denen die Leiche von den Angehörigen nicht herausverlangt wurde.

124 LAV NRW, R, NW 174/200

125 Sondergericht Aachen 13 SLs 4/44; Landgerichtsdirektor Fritz als Vorsitzender und die Amtsgerichtsräte des Amtsgerichts Düren Pott und Kaefer als beisitzende Richter. Als Staatsanwalt fungierte Erster Staatsanwalt Ackermann.

Milchvieh geflohener Bauern von den Weiden zu holen und es reichseinwärts zu treiben. Am 25. September 1944 traf er in Laurensberg auf die Familie des kommissarischen Laurensberger Ortsbürgermeisters Quadflieg, der in dem völlig geräumten Ort zusammen mit seiner Frau zurückgeblieben war. Dombret stahl im Keller des Hauses aus dem Fluchtgepäck der Eheleute Quadflieg Golduhren, einen Brilliantring, einen goldenen Trauring sowie eine Platinkette mit Perlen. Als er in den Keller zurückging, um einen liegen gelassenen Revolver zu holen, wurde er am Tatort von Frau Quadflieg gestellt. Sie forderte von Dombret in Gegenwart des Köln-Bickendorfer Ortsgruppenleiters Zierfas das Diebesgut zurück. Zierfas gelang es, Dombret zu entwaffnen und die Diebesbeute an Frau Quadflieg zurückzugeben.

Am 29. September 1944 wird die Anklageschrift von Oberstaatsanwalt Führer dem Kölner Generalstaatsanwalt übermittelt. Führer erklärt, dass er beabsichtige, für Dombret die Todesstrafe zu beantragen. Darauf anwortet der Generalstaatsanwalt:

> Ich trage erhebliche Bedenken, ob die Voraussetzungen des § 1 VVO objektiv vorliegen; nach der Sachdarstellung im Ermittlungsergebnis hat es den Anschein, als ob das Haus mindestens noch unter Aufsicht der Ehefrau des Bürgermeisters gestanden habe.[126]

Der Generalstaatsanwalt ändert rasch seine Bedenken. Obwohl die Bevölkerung zwischen Aachen und Düren auf der Flucht vor dem Bombardement der amerikanischen Geschütze und vor dem Fliegerangriff ist, findet der zweimal um wenige Tage verschobene Prozess in Düren noch statt. Weil Dombret im „*freigemachten Gebiet*" geplündert habe, trifft ihn nach § 1 VVO die Todesstrafe. Im Urteil vom 10. Oktober 1944 wird ausgeführt:

> Als Hoheitsträger der Partei, deren Uniform er trug, hätte er bei dem ihm übertragenen Aufgaben stets darauf bedacht sein müssen, sich tadelfrei zu verhalten. Stattdessen hat er sich eine schwerwiegende entehrende Verfehlung zu Schulden kommen lassen. ... Der Angeklagte hat sich mit seiner Straftat außerhalb der Volksgemeinschaft gestellt und verdient daher, ausgemerzt zu werden. Es trifft ihn daher trotz seiner bisherigen Straffreiheit und seiner Verdienste nach feindlichen Luftangriffen daher die für den Plünderer vorgesehene Todesstrafe.[127]

Unschädlich für die Anwendbarkeit des § 1 VVO sei, „wenn sich im Einzelfall in einem als freigemacht deklarierten Gebiet tatsächlich noch eine Person befinde."[128]

126 Ebenda S. 3.

127 Ebenda S. 21; vgl. auch *Wüllenweber*, Vergessene Verbrechen, S. 92 ff.

128 Ebenda.

Am 30. November 1944 wird die Vollstreckung des Urteils verfügt. Es heißt in der Verfügung des Oberstaatsanwalts als Leiter der Anklagebehörde beim Sondergericht Aachen, z. Z. Siegburg, vom 30. November 1944:

> „Da sich nach Mitteilung des Herrn Generalstaatsanwalts in Köln die Vollstreckung des Urteils im hiesigen Bezirks nicht durchführen lässt, habe ich mit dessen Einverständnis … den Herrn Oberstaatsanwalt in Frankfurt gebeten, die Vollstreckung in meiner Vertretung am Vollstreckungsort durchzuführen und Dombret zu diesem Zweck in das Strafgefängnis Frankfurt am Main-Preungesheim überführen zu lassen".[129]

Das Urteil wurde am 12. Dezember 1944 im Strafgefängnis Frankfurt-Preungesheim vollstreckt.[130]

Wilhelm Lemmens, Albert Lemmens, Heinrich Hochstenbach, Karl Schmidt[131]

Der Verfasser konnte noch ein weiteres Todesurteil des Sondergerichts Aachen in den Archiven feststellen:

Die angeklagten Landwirtschaftsgehilfen Wilhelm Lemmens aus Heinrich-Kapelle-Klause, geboren 22. Januar 1913, Albert Lemmens aus Heinrich-Kapelle-Klause, geboren am 13. September 1916, Heinrich Hochstenbach aus Clermont und der Hilfszollassistent Karl Schmidt, Heinrich-Kapelle-Klause, geboren am 8. August 1901 standen vom 10.-15. Februar 1944 vor dem Sondergericht. Im Urteil vom 15. Februar 1944 heißt es:

> Die Angeklagten Wilhelm Lemmens, Albert Lemmens und Heinrich Hochstenbach haben zusammen mit dem flüchtigen Jean Hochstenbach in der Zeit von Ende August bis Ende Oktober 1943 47 Stück Vieh aus dem Inland nach Belgien verschleppt. Der Angeklagte Karl Schmidt hat sich an der Verschleppung von 30 Stück beteiligt. … Die Angeklagten Wilhelm Lemmens, Albert Lemmens, Heinrich Hochstenbach und Karl Schmidt haben damit als Volksschädlinge ein Kriegswirtschaftsverbrechen in einem besonders schweren Falle begangen. Sie werden deshalb zum Tode verurteilt.

In den Entscheidungsgründen des Urteils heißt es:

> In Belgien besteht in Folge der Kriegsverhältnisse ein großer Bedarf an Vieh, die im Viehhandel gezahlten Preise sind recht hoch. Es wird auch ein reger Schleichhandel mit Vieh betrieben, das teils zu Schwarzschlachtungen, teils von den

---

129 Ebenda.

130 LAV NRW, R, NW 174/200, S. 16.

131 LAV NRW, R, NW 113/179; Sondergericht Aachen – 2 SLs 8/44 – in der Besetzung Howahrde, Schwengers, van Kempen, Staatsanwalt Zimmerath; die Verurteilung erfolgte gemäß § 4 VVO in Verbindung mit § 1 Abs. 1 Satz 2, Abs. 3 KrWVO.

> Landwirten zur Ergänzung ihres Viehbestandes aufgekauft wird. Da für dieses Vieh im Schleichhandel erhebliche Überpreise bezahlt werden, befassen sich in Belgien Personen gewerbsmäßig mit dem Ankauf von Vieh, und zwar suchen sie insbesondere aus Deutschland von im Grenzgebiet wohnenden Landwirten Vieh auf Schmuggelbasis zu erhalten. …
>
> Die Geldgier der Angeklagten ließ sie zu Kriegsschiebern und Sabotören der Deutschen Ernährungswirtschaft werden. Aufgabe der Rechtspflege ist es aber, solche Elemente rücksichtslos zur Verantwortung zu ziehen. Hierbei fällt besonders ins Gewicht, dass die Angeklagten ihre Straftaten im 5. Kriegsjahr begangen haben, und jeder weiß, dass in diesem Krieg die Gefährdung der Versorgungslage des Deutschen Volkes gleichbedeutend mit einer Gefährung des Endsieges ist.
>
> Es gibt in Anbetracht des Existenzkampfes des Deutschen Volkes nur eine gerechte Strafe für die Angeklagten, die das gesunde Volksempfinden der besonderen Verwerflichkeit ihrer Straftaten erfordert und dies ist die Todesstrafe.[132]

Wilhelm Lemmens, Albert Lemmens, Hochstenbach und Schmidt wurden am 20. April 1944 in Köln hingerichtet. Die Leiche von Schmidt gelangte in das Anatomische Institut nach Bonn.[133]

Mathias Pauquet[134]

Im Bundesarchiv in Berlin ist das Todesurteil gegen Pauquet archiviert: Der am 14. Januar 1913 als Sohn eines Webers in Eupen geborene Mathias Pauqet besuchte in Eupen die Hilfsschule. Nach seiner Schulentlassung erlernte er das Weberhandwerk und war in der Folge in verschiedenen Tuchfabriken beschäftigt. Im Jahre 1930 heiratete er zum ersten Mal. Die Ehe, aus der zwei Kinder hervorgingen, wurde aber bereits im Jahre 1940 geschieden. Anfang des Jahres 1942 verehelichte er sich dann erneut mit einer ebenfalls geschiedenen Frau, die auch zwei Kinder mit in die Ehe brachte. Diese Ehe war wieder keine glückliche; es entstanden Streitigkeiten und der Angeklagte trennte sich von seiner Frau, die dann am 16. November 1942 verstarb. Bis zu seiner Verurteilung zum Tod war der Witwer Pauqet bereits 4-mal vorbestraft gewesen. So hatte er erstmals als 15-Jähriger versucht, den Opferstock der Kirche in Lammersdorf mit Hammer und Meissel aufzubrechen, um an das darin befindliche Geld zu gelangen. Im Frühjahr 1933 zündete er in Konzen mehrmals das Venngras an und verursachte auf diese Weise einen Waldbrand, bei dem etwa 65 Hektar im Schätzungswert von 25.000 Reichsmark vernichtet wurden. Zwei Jahre später entwendete er bei seinem damaligen Arbeitgeber Webspulen mit

132 LAV NRW, R, NW 113/179, Vollstreckungsheft S. 1 ff.

133 *Forsbach*, Universität Bonn im Dritten Reich , S. 534.

134 BArch. R 3001/162245.

Garn und versuchte, diese zu verkaufen. Zuletzt trat er im Jahre 1941 wegen Betruges strafrechtlich in Erscheinung, als er in Aachen zwei belgischen Arbeitern vorspiegelte, ihnen Brot und Mehl zu beschaffen, obwohl er hierzu gar nicht gewillt war. Die Belgier liessen sich täuschen und gaben ihm 20 Reichsmark bzw. 65 Reichsmark, die er für sich verbrauchte.

Im Zeitraum zwischen September und Oktober 1942 hatte sich Pauqet in über 15 Fällen als Kriminalbeamter bzw. als Zollbeamter ausgegeben, um unter diesem Vorwand raffinierte Betrügereien und Durchsuchungen bei ausländischen Hilfsarbeitern vorzunehmen und Lebensmittel und Spirituosen zu entwenden.[135]

Bei den vorgeschilderten Taten trug Pauqet nach eigenen Einlassungen unberechtigterweise ein Parteiabzeichen oder eine weiße Marke mit Initialen, um eine Berechtigung zu fingieren. In mindestens einem Fall drohte Pauqet seinem Opfer, es der Zollfahnungsstelle zu übergeben, falls er sich weigere, ihm Geld zu überlassen.

Das Sondergericht Aachen verurteilte Pauqet gem. § 1 ErweiterungsVO[136], § 4 VVO, § 132, 253, 263 StGB sowie § 3 Heimtückegesetz am 30. März 1943 zum Tode.[137]

Für die Verhängung der Todesstrafe wurde im Rahmen der ErweiterungsVO maßgeblich auf die Gefahr abgestellt, dass das Vertrauen in die Deutsche Polizei erschüttert wurde. Deren Ansehen wurde insbesondere bei den Arbeitern in schwerster Weise beschädigt, von denen er sich Bestechungsgelder erpresste. Diese mussten auf den Gedanken kommen, dass bei der Deutschen Polizei korrupte Zustände herrschen. In der gleich schweren Weise hat er das Ansehen der Partei untergraben, deren Abzeichen er bei Begehung der Straftat trug.[138]

Die Ausnutzung außergewöhnlicher Kriegsumstände gemäß § 4 VVO sah das Sondergericht aufgrund der abstrakten Notwendigkeit zur Beschäftigung aus-

---

135 Urteil des Sondergerichts Aachen – 2 SLs 57/42 – vom 30. März 1943, BArch. R 3001/162245.

136 Verordnung zur Erweiterung und Verschärfung des strafrechtlichen Schutzes gegen Amtsanmaßung vom 9. April 1942, RGBl.I. 1942, S. 174.

137 Sondergericht Aachen in der Besetzung: Amtsgerichtsrat Küster als Vorsitzender, Landgerichtsrat Schwengers und Landgerichtsrat Dr. Keutgen als Beisitzer und Staatsanwalt Zimmerath als Beamter der Staatsanwaltschaft.

138 Vgl. Sondergericht Aachen – 2 SLs 57/42, BArch R 3001/162245, Urteil vom 30. März 1943, S. 31.

ländischer Hilfsarbeiter in der Kriegszeit sowie deren Unkenntnis von „deutschen Verhältnissen“ als verwirklicht an. Im Urteil wird ausgeführt:

> Obwohl er in den Monaten September und Oktober in Folge seiner vielen Arbeitsversäumnisse nur ein geringes Verdienst hatte, verfügte er in dieser Zeit über erhebliche Geldbeträge und gab das Geld in verschwenderischer Weise aus. So bekunden die Zeuginnen Frau Larbig und Frau Gigler, dass er in den drei Wochen im Oktober, in denen er mit ihnen fast jeden Abend ausgegangen sei, die gesamte Zeche gezahlt habe.... Auch kam es ihm nicht darauf an, in der großzügisten Weise für einen größeren Personenkreis Runden zu spenden. Er sagte, er erhalte viel Geld von seinem Vater, der mehrfacher Millionär sei. Im Bordell war er auch ein häufiger Gast und hatte einen regen Verkehr mit Dirnen. So machte er am 7. September mit der Zeugin Lienhop und einigen anderen Personen in einer Bar eine Zeche von etwa Reichsmark 100, die er alleine bezahlte.

Und weiter heißt es im Urteil:

> Dieses Handeln ist als ein überaus verwerfliches zu bezeichnen. Er, der selbst keiner geregelten Arbeit nachging, hat die ausländischen Arbeiter, die ihre Arbeitskraft für Deutschland einsetzen, der Lebensmittel und Tabakwaren beraubt, die sie in der Mehrzahl der Fälle doch zum eigenen Verbrauch mit sich führten. Die Folge war, dass bei den Arbeitern, die ihn als Polizeibeamten erkannten, andererseits aber die Beschlagnahmung für unberechtigt hielten, dass Vertrauen in die Deutsche Polizei erschüttert wurde.[139]
>
> ...Der Angeklagte ist dann auch in seiner Persönlichkeit nach als ein Volksschädling zu bezeichnen.
>
> ...Die Vorstrafen sind ohne nachhaltigen Eindruck auf ihn geblieben. Vielmehr nach der letzen Strafverbüßung im Oktober 1941 ist er – wie oben unter I aufgeführt – nur noch unregelmäßig seiner Arbeit nachgegangen. Es machte sich bei ihm immer mehr ein Hang zum bummeln und herumtreiben bemerkbar und brachte ihn schließlich völlig auf die Bahn des Verbrechers. In raffinierter und gemeiner Weise ergaunerte er 500 Reichsmark.

Und schließlich wird festgestellt:

> Diese Feststellungen erweisen, dass der Angeklagte ein völlig haltloser und asozialer Mensch, ein Volksschädling ist, der nach dem gesunden Volksempfinden wegen der besonderen Verwerflichkeit der von ihm unter Ausnutzung der außergewöhnlichen Kriegsverhältnisse begangene Straftat besonders hart zu bestrafen ist.

Pauqet wurde am 11. Mai 1943 um 20.49 Uhr auf Richtstätte des Gefängnisses Köln-Klingelpütz mittels Fallbeil hingerichtet.[140]

---

139 Ebenda.

140 Ebenda;Vollstreckungsprotokoll, BArch. R3001/162245, S. 37.

Johanna Knops[141]

Ein weiteres Todesurteil wurde gesprochen, aber nicht vollstreckt:

Gnade gewährte die Sondergerichtsjustiz der Hausfrau Johanna Knops, geborene Frings, geb. 12. Mai 1899 in Aachen, wohnhaft Lothringer Straße 13, verheiratet, vorbestraft wegen Diebstahl. Ihr wurde in der Anklageschrift vom 24. Januar 1944 vorgeworfen, in freiwillig geräumten Gebäuden oder Räumen geplündert zu haben (§ 1 VVO).

Die Hauptverhandlung fand am 17. Februar 1944 statt. Knops hatte drei Pakete mit Wäsche und Haushaltsgegenständen sowie Porzellan, Geschirr und Bekleidung während des Terrorangriffs von Aachen in der Nacht zum 14. Juli 1943 an sich gebracht. Die Gegenstände wurden im Wesentlichen nach einer durchgeführten Hausdurchsuchung zurückgegeben.

Das Gericht verurteilte Knops als Volksschädling gem. § 4 VVO; sie habe die außergewöhnlichen Kriegsverhältnisse ausgenutzt. Die Tat sei besonders verwerflich. Im Einzelnen führt das Gericht in den Entscheidungsgründen des Urteils aus:

> Die Angeklagte, deren eigene Wohnung bei dem Terrorangriff verschont geblieben ist, die nichts verloren hat, hat sich in skrupelloser Weise aus schnöder Habgier an dem wenigen geretteten Hab und Gut einer total fliegergeschädigten Volksgenossin vergriffen, das diese, deren Ehemann zur Wehrmacht einberufen ist, unter eigener Lebensgefahr aus ihren brennenden Hause gerettet hat. ... Wer plündert, wird mit dem Tode bestraft. Dies war der Angeklagten nach ihrer eigenen Einlassung bekannt. Die gleiche Strafe muss als Volksschädling aber auch den treffen, der sich unter ähnlichen Umständen wie der Plünderer an dem Hab und Gut Fliegergeschädigter vergreift.[142]

Der Pressedezernent des Landgerichts Aachen, Landgerichtsrat Dr. Keutgen – selbst Beisitzer am Sondergericht – berichtete am 21. Februar 1944 über den Presseartikel zum Todesurteil für „gemeine Plünderin" im „Politischen Tageblatt Aachen" vom 19. Februar 1944 und am gleichen Tage im „Westdeutschen Beobachter." Er bittet den Vorsitzenden des Sondergerichts, die Artikel zu prüfen und zur Akte „beizuheften."

Im Gnadenverfahren wurde das Urteil des Sondergerichts vom 17. Februar 1944 durch Erlass des Reichsministers der Justiz vom 20. Juli 1944 in eine Zuchthausstrafe von 10 Jahren umgewandelt. Maßgeblich hierfür war offen-

141 LAV NRW, R Rep. 113/205; Sondergericht Aachen – 2 SLs 15/44 – in der Besetzung Dr. Noetzel als Vorsitzender, Landgerichtsrat Derksen und Gerichtsassessor Kemper als beisitzende Richter und Staatsanwalt Wickmann.

142 LAV NRW, R, Rep. 113/205, S. 52.

sichtlich, dass der Sohn der verurteilten Frau Knops im Russlandfeldzug kurz vor dem Urteil gefallen war. Weiterhin baten die geschädigten Aachener Bürger für die Angeklagten um Gnade.[143]

Mit Beschluss des LG Aachen vom 18. Januar 1946 wurde das Urteil des Sondergerichts nach den Bestimmungen des Artikel IV Ziffer 8 des Gesetzes Nr. 1 der Militärregierung abgeändert. Die 10-jährige Zuchthausstrafe wurde in eine Gefängnisstrafe von 13 Monaten umgewandelt.[144]

In den Gründen des Beschlusses heißt es:

> Die vom Sondergericht nach den Bestimmungen der Volksschädlingsverordnung verhängte Todesstrafe und die Umwandlung dieser Strafe in eine Zuchthausstrafe von 10 Jahren ist als übermäßig hohe Strafe im Sinne des Art. IV Zif. 8 des Gesetzes Nr. 1 der Militärregierung anzusehen. Sie ist daher gem. Art. IV Zif. 10 des gleichen Gesetzes abzuändern und den Vorschriften des Gesetzes Nr. 1 der Militärregierung anzupassen.
>
> Bei der neuen Straffestsetzung konnte das Gericht nicht verkennen, dass die Verurteilte sich einen schweren Eingriff in die Rechte ihrer Mitbürgern hat zu Schulden kommen lassen, in dem sie einer Fliegergeschädigten Nachbarin Luftschutzgepäck mit den notwendigsten Habseligkeiten gewissenlos entwendete. Die Strafe musste daher empfindlich sein. Andererseits hat die Verurteilte vom 17.02.1944, dem Tage der Verkündung des Sondergerichtsurteils bis Ende Juli 1944 in der schweren Seelennot gelebt, dass die Todesstrafe trotz des Gnadengesuches an ihr vollstreckt werden könnte. Auch im Übrigen muss ihr die Härte der Strafvollstreckung unter den damaligen Umständen bei der erneuten Straffestsetzung zu Gute kommen. Unter diesen Umständen erschien die von der Staatsanwaltschaft vorgeschlagene Strafe von 13 Monaten Gefängnis angemessen. Auf diese Strafe ist die bereits erlittene Freiheitsstrafe unter Beachtung der Umwandlungsvorschrift des § 21 StGB anzurechnen.
>
> Diese Entscheidung ergeht gerichtsgebührenfrei.
> Aachen, den 8. September 1945
> Das Landgericht, Strafkammer

Unterzeichnet ist der Beschluss u. a. von Landgerichtsrat Dr. Keutgen, der selbst als Pressedezernent über das Verfahren informiert und somit in dieses involviert war. Insoweit mutet es schon seltsam an, dass dieser die verhängte Strafe für unangemessen hoch ansieht. Die Entscheidung wie auch der Sinneswandel innerhalb von knapp 1 ½ Jahren ist schon bemerkenswert.[145]

143 LAV NRW, R, Rep. 113/205, S. 6, S. 7.

144 LAV NRW R, Rep. 113/205, S. 59; LG Aachen 5 K Ls 8/45-Strafkammer 48/45.

145 LAV NRW, R, Rep. 113/205.

Das Verfahren gegen die Arbeiter des Reichsarbeitsdienstes Hoffmann u.a.

Ein weiteres Verfahren, das vor dem Sondergericht Aachen anhängig war, endete mit einem Todesurteil gegen den Maschinendreher Fritz Hoffmann.

Am 1. Oktober 1941 verurteilte das Sondergericht Aachen insgesamt 46 Angeklagte – Arbeiter des Reichsarbeitsdienstes, u.a. Hoffmann – wegen eines Verbrechens nach der Volksschädlingsverordnung zu Zuchthausstrafen.[146]

Die jugendlichen Angeklagten hatten unter der Aufsicht des Hoffmann nach dem Luftangriff auf Aachen vom 9. Juli 1941 Aufräumungsarbeiten in der Aachener Innenstadt durchgeführt. Dabei entwendeten sie Wertgegenstände verschiedenster Art. Dem Angeklagten Hoffmann oblag die Aufbewahrung der zu ihm verbrachten Gegenstände, die er zum Teil für sich behielt. Staatsanwalt Zimmerath hatte für die Angeklagten Hoffmann und Ganzer die Todesstrafe beantragt. Das Gericht sah beide aber nicht als Volksschädlinge und nahm auch keinen schweren Fall an.

Das Urteil des Sondergerichts in der Besetzung Hoffmann, Küster, Erbel wurde von der Staatsanwaltschaft massiv kritisiert. Oberstaatsanwalt Führer vertrat in seinem Bericht vom 2. Oktober 1941 an das Reichsjustizministerium zu Händen des Sonderreferenten Joel die Auffasung, das Gericht habe in den meisten Fällen die Anwendbarkeit der VVO verneint, und dies sei nicht vertretbar. Führer spricht von äußerst milden Strafen. Das Urteil sei widersinnig. Das Sondergericht sei der ihm übertragenen Verantwortung nicht gerecht geworden.[147]

In einem weiteren Bericht vom 4. November 1941 regt Führer bei dem Reichsjustizministerium den außerordentlichen Einspruch gegen das Urteil an. Er setzt sich im Einzelnen mit den Gründen des Urteils auseinander und wiederholt seine Kritik, insbesondere zum Strafmaß für Hoffmann und Ganzer.[148]

Bemerkenswert ist die Stellungnahme des Staatsanwalts Zimmerath zum Urteil des Sondergerichts Aachen:

> Das Urteil ist in seiner Gesamtheit umso verwunderlicher, als bei der nach der Beweisaufnahme erfolgten Vorbesprechung mit dem Sitzungsvertreter der Be-

---

146 LAV NRW, R, Rep. 113/320-323; vgl. auch *Vurgun*, Staatsanwaltschaft, S. 64 f. das Verfahren gegen die überwiegend jugendlichen Täter wurde vom Landgerichtspräsidenten Hermanns heftig kritisiert, vgl. LAV NRW, R, Rep. 255/174, S. 7 f.

147 LAV NRW, R, Rep. 113/319.

148 Ebenda, S. 110 ff.

> richterstatter des Gerichts und auch der Vorsitzende des Gerichts in rechtlicher Beziehung die von der Anklage vertretene Auffasung eindeutig zu teilen schien. M.E. ist der Berichterstatter, Herr Amtsgerichtsrat Küster, in der Beratung durch Einwirkung des anderen Beisitzers, Herrn Landgerichtsrat Erbel, überstimmt worden. Es entspricht auch der Erfahrung der Staatsanwaltschaft in anderen Sachen, dass die bisher ergangenen, äußerst milden Urteile des Sondergerichts nicht zuletzt auf die Einflussnahme des genannten Beisitzers zurückzuführen sind.[149]

Der außerordentliche Einspruch hatte zum Teil Erfolg: Das Reichsgericht verurteilte Hoffmann zum Tode, weitere Urteile wurden abgeändert.[150]

2. Juristische Aspekte

In der unmittelbaren Nachkriegszeit waren sich die Juristen einig, dass die Richter des Dritten Reichs allesamt rechtmäßig gehandelt hätten; die nicht gänzlich geleugneten Verbrechen seien allein dem Gesetzgeber zuzuschreiben.

So erklärte der nordrhein-westfälische Justizminister Sträter auf dem Konstanzer Juristentag 1947:

> „Es darf nicht vergessen werden, dass ein großer Teil dieser deutschen Richterschaft eine schwere Aufgabe erfüllt hat: es hat den Versuch gemacht, das Recht gegen die Gewalthaber zu schützen. Und ich erkläre hier nachdrücklichst: In seiner überwiegende Mehrheit hat der deutsche Richter vor Hitler nicht kapituliert."[151]

Und der Bundesgerichtshof stellte fest:[152]

> Einem Richter, der damals einen Widerstandskämpfer wegen seiner Tätigkeit in der Widerstandsbewegung abzuurteilen hatte und ihn in einem einwandfreien Verfahren für überführt erachtete, kann heute in strafrechtlicher Hinsicht kein Vorwurf gemacht werden, wenn er angesichts seiner Unterworfenheit unter die damaligen Gesetze nicht der Frage nachging, ob dem Wiederstandskämpfer etwa der Rechtfertigungsgrund des übergesetzlichen Notstands zur Seite stehe, sondern glaubte, ihn des Hof- und Landesverrats bzw. des Kriegsverrats schuldig erkennen und deswegen zum Tode verurteilen zu müssen.

Diese Feststellung des Bundesgerichtshofes prägte die Behandlung der Juristen in der Nachkriegszeit.

Damit waren die Richter des Dritten Reiches exkulpiert und priviligiert. Mit unerschütterlich gutem Gewissen schlüpften die meisten Juristen nach dem

149 Ebenda, S 88.; *Vurgun*, ebenda, S. 67 f.

150 *Vurgun*, ebenda, Anhang S. 521; Reichsgericht, Urteil vom 19. März 1942, BStS 2/42.

151 Konstanzer Juristentag, S. 181.

152 BGH 1 StR 50/56 zitiert nach *Rüter, Christiaan F.*, Justiz und NS-Verbrechen, Amsterdam 1968-1981, Bd. 13, S. 344, 352.

Krieg von einem Tag auf den anderen aus den Nazi-Hemden wie Fußballer bei einem Trikotwechsel.[153] Oder wie an anderer Stelle formuliert wurde:

> „Die Justiz trennte das Hakenkreuz von der Robe und ging zur Tagesordnung über".[154]

In der Gesamtheit der vorliegend untersuchten Todesurteile spielen Vergehen eine Rolle, die auch unter rechtsstaatlichen Verhältnissen strafbar sind. Allerdings überschreitet die Ahndungspraxis des Sondergerichts Aachen bei den Todesurteilen jegliches Maß. Sie sind Zeugnisse einer gnadenlosen Ahndung. Aus der Todesstrafe als Ausnahmestrafe wurde wieder eine Standardstrafe.[155]

In den Urteilen des Sondergerichts Aachen wird häufig auf den „Unwert der Persönlichkeit" der Angeklagten für die Volksgemeinschaft abgestellt. Begriffe wie „ehrlose Gesinnung," „Ausmerzen," „Ausrotten," „asoziales Element", „kein Wert für die Volksgemeinschaft" und „charakterlich stark angefault" sind Indizien dafür, dass die Justiz sich mit Motiven wie Abschreckung, rücksichtsloser Verfolgung und der Bekämpfung Asozialer in den Dienst der Durchsetzung von Verhaltensnormen gestellt hatte, die mit drakonischer Abschreckung aufrechterhalten werden sollten.

Die nationalsozialistische Gewaltherrschaft hat eine „Perversion der Rechtsordnung" bewirkt, wie sie schlimmer kaum vorstellbar ist.[156] Die Strafjustiz wurde zum Terrorinstrument der politischen Machthaber.[157]

Das Sondergericht Aachen hat diese Rechtsordnung mitgetragen. Es hat Urteile mit justizieller Brutalität gefällt, Urteile, die schlimm sind: überharte und exzessive Strafen und Todesurteile, die jedem Recht Hohn sprechen.

Es kamen Gesetze zum Tragen, die schon für sich, erst recht aber in ihrer konkreten Anwendung mit rechtsstaatlichen Anforderungen unvereinbar und nicht an der Wahrung von Menschenrechten ausgerichtet waren. Das Verhalten der Jusitz im Dritten Reich, die eine wichtige Funktion für die Aufrechterhaltung der faschistischen Diktatur und des Unrechtsregime stabilisiert hatte, wurde von der bundesrepublikanischen Justiz bis heute nur unzureichend geahndet. Viel zu spät wurde die Justiz auch gegen Nazi-Richter aktiv. Zu spät, den Gerichten sind die Angeklagten weggestorben.

---

153 *Müller*, Furchtbare Juristen, S. 7 Vorwort von Martin Hirsch.

154 *Prantl*, Deutschland, S.233.

155 *Klein*, Köln im Dritten Reich, S. 530.

156 BGH 5 StR 747/94, Urteil vom 16. November 1995, HRRS-Datenbank, RN 76.

157 *Marxen*, Strafjustiz, S. 101.

„Was damals Rechtens war, das kann heute nicht Unrecht sein“. Diese Denkweise entsprach dem Ergebnis der Aufarbeitung der Nazijustiz durch die bundesdeutschen Gerichte. Die Nazijustiz wurde schlichtweg freigesprochen.

Aber mit dem Urteil des 5. Strafsenates des Bundesgerichtshofes vom 16. November 1995[158] endete die Verdrängung und die Nicht-Bewältigung. Der Senat fand den Mut, sich von der unseligen Rechtsprechung der Vergangenheit zu verabschieden und sich vom eigenen Versagen zu distanzieren. Er spricht von politisch motivierter Strafjustiz, von Menschenrechtsverletzungen als mögliche Rechtsbeugungstatbestände, von einem menschenverachtendem nationalsozialistischen Regime, gestützt durch willfährige Richter und Staatsanwälte, die das Recht pervertierten. Die Rechtsprechung des Bundesgerichtshofes habe einen erheblichen Anteil an der versäumten Aufarbeitung der Nazi-Justiz. Die Kritik an dieser Rechtsprechung hält der Senat für berechtigt. Er führt aus:

> Insgesamt neigt der Senat zu dem Befund, dass das Scheitern der Verfolgung von NS-Richtern vornehmlich durch eine zu weitgehende Einschränkung bei der Auslegung der subjektiven Voraussetzungen des Rechtsbeugungstatbestandes bedingt war.

und weiter:

> Hätte sich die Rechtsprechung schon damals bei der Prüfung richterlicher Verantwortung für Todesurteile an Kriterien orientiert, wie sie der Senat in der heutigen Entscheidung für Recht erkennt, hätte eine Vielzahl ehemaliger NS-Richter strafrechtlich wegen Rechtsbeugung in Tateinheit mit Kapitalverbrechen zur Verantwortung gezogen werden müssen ... Darin, dass dies nicht geschehen ist, liegt ein folgenschweres Versagen bundesdeutscher Strafjustiz.[159]

Dabei hat der Bundesgerichtshof in seinen Entscheidungen unabhängig von der Problematik strafrechtlicher Bewertung der Rechtsprechung in einem totalitären System hervorgehoben, dass nicht jede unrichtige Rechtsanwendung eine Beugung des Rechts darstellt.[160] Er stellt weiter fest, dass die Anwendung rechtsstaatswidriger Normen als solche straflos ist.[161] Nur die Willkürlichkeit der Rechtsanwendung als offensichtliche Menschenrechtsverletzung begründet den Vorwurf der Rechtsbeugung.[162]

---

158 BGH, a.a.O.

159 Ebenda.

160 BGH 5 StR 713/94, Urteil vom 15. September 1995, HRRS-Datenbank, RN 17 ff.

161 Ebenda.

162 Ebenda.

Die vorliegende Arbeit untersucht nicht abschließend Rechtsbeugungsakte bei den Todesurteilen des Sondergerichts Aachen. Allerdings ist ohne weiteres festzustellen, dass alle oben erwähnten Urteile objektiv rechtswidrig und im Strafausspruch offensichtlich unverhältnismäßig waren.

Die Nachkriegsjustiz ist mit den Nazi-Juristen – auch mit denen des Sondergerichts Aachen – pfleglich umgegangen. Kein Richter ist wegen Rechtsbeugung zur Rechenschaft gezogen worden.

5. Kapitel: Personalia der Aachener Sonderrichter und ihre Nachkriegskarrieren[1]

I. Vorsitzende Richter

Insgesamt waren am Sondergericht Aachen 14 Richter als Vorsitzende tätig.[2] Im Einzelnen:[3]

Dr. Fritz[4]

Dr. Walther Fritz wurde am 22. Juli 1901 geboren. Ab dem Jahre 1929 war er Landgerichtsrat in Trier, danach Arbeitsgerichtsrat in Aachen und von 1936-1940 Amtsgerichtsrat in Aachen. Im Jahre 1940 wurde er Oberamtsrichter und am 1. Oktober 1941 Landgerichtsdirektor in Aachen. Nach dem Krieg – am 19. September 1946 - ist er wieder als Landgerichtsdirektor in Köln eingestellt worden und ist dann am 1. November 1950 zum Oberverwaltungsgerichtsrat in Münster avanciert. Seit dem Jahr 1956 war er Senatspräsident am Landessozialgericht Nordrhein-Westfalen in Essen.

Dr. Fritz war erst seit April 1942 Parteimitglied; er wurde ungeachtet dessen als überzeugter Nationalsozialist und als „Bereicherung der Bewegung" angesehen[5] Er machte in der Endphase des Krieges Karriere und war nach dem Ausscheiden von Landgerichtspräsident Graeschke kommissarisch als dessen ständiger Vertreter tätig.

Bei der Sitzung des Überprüfungsausschusses in Aachen am 9. April 1946 wurde festgestellt:

---

1 Die wesentlichen Personaldaten wurden der Arbeit „Rottleuthner, Karrieren und Kontinuitäten, ID case, den Handbüchern der Justiz 1942, 1953, 1954 und 1958 und zum Teil den Personalakten entnommen.

2 *Vurgun*, Staatsanwaltschaft, Anhang Tabelle, S. 471.

3 In alphabetischer Reihenfolge.

4 *Rottleuthner*, Karrieren und Kontinuitätencase ID 6721 in der Folge case ID zitiert und Handbuch der Justiz 1942.

5 LAV NRW, R, Rep. 11/1535, Personalbogen 1939; Herbers S. 84 f., S. 88; Handbuch der Justiz 1942 S. 158.

https://doi.org/10.1515/9783110603125-006

> Der Bewerber ist für den Wiedereinsatz als Richter tragbar. Eine Verwendung im Landgerichtsbezirk Aachen erscheint unzweckmäßig.

Fritz hatte vor dem Ausschuss erklärt, er habe mehrfach Rügen durch Landgerichtspräsident Graeschke erhalten, sei mit der Entlassung aus dem Richterdienst bedroht worden, weil er sich weigerte, aus der Kirche auszutreten.[6]

Dr. Fritz war als Vorsitzender an den Todesurteilen gegen Bremen und Dombret beteiligt.

Dr. Hellbach[7]

Dr. Alfred Hellbach, geb. April 1897, wurde 1921 Gerichtsassessor und 1929 Landgerichtsrat in Köln. Im Jahr 1943 wechselte er an das LG Aachen und übernahm dort den Vorsitz des Sondergerichtes. Er soll auch bei dem Sondergericht Berlin tätig gewesen sein. Für das Jahr 1951 ist Dr. Hellbach als Landgerichtsdirektor z.D. in Aachen registriert. Dies bedeutet „in den vorläufigen" Ruhestand" versetzt. Auf der Liste der auf Grund der Verordnung vom 4. Januar 1949[8] zurückgestuften Richter wird er als in den Ruhestand versetzt verzeichnet.[9] In den Handbüchern der Justiz 1953, 1954 bzw. 1958 wird er nicht mehr aufgeführt, so dass davon auszugehen ist, dass er als belasteter Richter nicht mehr in den Justizdienst zurückkehrte.

Hoffmann[10]

Der Richter Hans Hoffmann wurde im Dezember 1873 geboren und war seit dem Jahr 1899 im preußischen Justizdienst. Im Jahre 1912 wurde er in Aachen Landgerichtsrat und im Jahre 1924 Landgerichtsdirektor. Sein Werdegang: 1899 Gerichtsassessor; 1904 Amtsgerichtsrat in Saarbrücken/Völklingen; 1911 Amtsgerichtsrat in Aachen; 1912 Landgerichtsrat in Aachen; 1916 Landgerichtsdirektor in Guben, 1924 Landgerichtsdirektor in Aachen

Offensichtlich wurde Hoffmann im Jahr 1941 mit 68 Jahren noch für das Sondergericht eingesetzt. Im Handbuch der Justiz 1942 wird er nicht mehr aufgeführt.

---

6 Ebenda.

7 Case ID 9849, Handbuch der Justiz 1942, S. 163.

8 Vgl. Kapitel 3, IV a.E.

9 LAV NRW, R Rep. 255/142, S. 188 f.; 255/144, S. 192.

10 Handbuch der Justiz 1942, S. 158. Case ID 10798:

Howahrde[11]

Paul Howahrde wurde am 26. Mai 1891 geboren. Er war Parteigenosse seit dem 1. Mai 1937, wie er angibt wegen einer bevorstehenden Beförderung zum Landgerichtsdirektor, die in der Tat zum 1. Dezember 1937 erfolgte.

Howahrde erklärte laut Personalakte, dass er in Aachen trotz seiner Gegenvorstellung am 1. Januar 1942 das Sondergericht übernehmen sollte. Am 1. Januar 1943 sei er abgelöst worden. Sein Nachfolger sei im September 1943 zur Wehrmacht eingezogen worden.

> Ich musste einspringen. Ich besaß aber schon damals nicht mehr das Vertrauen des neuen Präsidenten. Ich erregte wegen des von mir verhängten Strafmaßes Missfallen, das auch bei regelmäßigen Präsidententreffen zum Ausdruck kam. Seit 11.08.1944 befand ich mich bei dem LG Köln und wurde danach dienstunfähig bis zum 21. Dezember 1944. Ich musste nur deshalb am Sondergericht arbeiten, weil wegen der Einberufung geeignete Kräfte nicht mehr zur Verfügung standen.

Diese Aussagen des Howahrde werden von Landgerichtsdirektor Dr. Keutgen und Justizamtmann Laaf bestätigt.[12]

Auch Hermanns, der frühere Landgerichtspräsident bestätigt, dass Howahrde gegen seinen Willen zum Sondergericht versetzt wurde. Howahrde hatte den Vorsitz im Verfahren Schöner. Hermanns erklärte, die Rechte der Angeklagten waren bei Howahrde gewahrt. Das Sondergericht Aachen galt als das mildeste Sondergericht des gesamten Bezirks. Hermanns wurde des Öfteren darauf hingewiesen.

Mit Verfügung der Militärregierung vom 21. Juni 1947 wurde Howahrde wieder als Landgerichtsdirektor in Köln eingestellt. Am 24. Juli 1947 hat er seinen Dienst angetreten. Er wurde mit Einreihungsbescheid vom 28. Februar 1948 in Kategorie IV ohne Vermögenssperre eingestuft.

Werdegang: 1918-1926 Gerichtsassessor; 1926-1937 Landgerichtsrat in Köln; 1937-1943 Landgerichtsdirektor in Aachen (seit 1. Dezember 1937); 1943 Landgerichtsdirektor in Köln; 1947 Landgerichtsdirektor in Köln; Ruhestand: 11. April 1952.

Howahrde war als Vorsitzender an den Todesurteilen gegen Kisch, Wüffel, Schöner und Lemmens u.a. beteiligt.

---

11 Case ID 11352 LAV NRW, R, BR-PE 1169 VI H 145; NW 1079 Nr 1321; Handbuch der Justiz 1942, S. 158.

12 Ebenda S. 32:

Küster[13]

Wilhelm Küster wurde am 26. Januar 1901 geboren. Seine Richterlaufbahn begann im Jahre 1926 als Gerichtsassessor, am 1. Februar 1935 wurde er Amtsgerichtsrat in Düren und danach ab 1936 Amtsgerichtsrat in Aachen. Der Nazi-Partei gehörte Küster seit dem 1. Mai 1933 an und er war kommissarischer Blockleiter.

Bis zum 9. August 1943 war er am Sondergericht tätig, danach war er bei der Wehrmacht im Osten und befand sich bis zum 17. September 1946 in russischer Kriegsgefangenschaft.

Ab dem 14. Dezember 1948 wurde Küster bei dem Amtsgericht Aachen beschäftigt und zum 1. Dezember 1949 zum Amtsgerichtsrat in Düren ernannt. Dort wurde er später stellvertretender Direktor und regulär zum 31. Januar 1966 in den Ruhestand verabschiedet.

Im Einreihungsbescheid vom 15. November 1948 wird seine Tätigkeit am Sondergericht nicht erwähnt.

Allerdings hat der Entnazifizierungsunterausschuss Bedenken gegen die Wiederverwendung Küsters wegen seiner Tätigkeit am Sondergericht. Der Ausschuss hält eine Beschäftigung in Aachen für untunlich. Küster wird mit Bescheid vom 1. Dezember 1948 in die Kathegorie IV ohne Vermögensbeschränkung eingestuft.

Die Akte enthält ein Sonderheft – zur Tätigkeit vor 1945 – I K 161. In diesem Sonderheft wird die Tätigkeit Küsters beim Sondergericht Aachen von Anfang 1941 bis Mitte 1943 festgestellt. Küster war nach dieser Akte an den Todesurteilen gegen Wüffel, am 27. März 1943 gegen Gehlen (richtig: Bremen), am 30.03.1943 gegen Gauqet richtig: Pauquet) und am 26. August.1943 gegen Bremen und Kisch beteiligt. Der Oberlandesgerichtspräsident in Köln hielt die Urteile für unbedenktlich. Lediglich das Todesurteil gegen Kisch führte zu Bedenken, insbesondere ob das Verbrechen todeswürdig ist bzw. ob es sich um ein Verdunklungsverbrechen handelt.

Die Rechtsanwälte Dr. Franz und Paul Lauber aus Aachen bezeichnen Küster als einen scharfen Richter; allerdings schon vor dem Krieg habe Küster schwere Strafen verhängt.

---

13 Case ID 15026; LAV NRW, R, NW PE 6678; NW 1079, 1321.

Andere Anwälte – Doll, Johnen, Dr. Ernst Dreising – bezeichnen Küster als straff, aber nicht gehässig in der Verhandlungsführung. Die Verhängung der Strafen habe mit der nationalsozialistischen Einstellung nichts zu tun gehabt.

Im Entnazifizierungsverfahren hat sich der damalige Beisitzer Landgerichtsrat Erbel günstig über Küster geäußert.

In den 50er Jahren bewarb sich Küster mehrmals vergeblich für eine Stelle als Amtsgerichtsdirektor in Düren bzw. als Landgerichtsdirektor in Köln und in Aachen.

Küster war als Beisitzer an der Todesurteilen gegen Kisch, Wüffel, Schöner, Bremen und als Vorsitzender gegen Pauquet beteiligt.

Dr. Losenhausen[14]

Dr. Paul Losenhausen wurde am 29. Juni 1880 geboren und war bereits im Jahre 1910 preussischer Gerichtsassessor am Amtsgericht Aachen. Seit 1920 Landgerichtsrat, seit 1926 Landgerichtsdirektor, war er eine Institution am Aachener Gericht. Er war für die politischen Strafsachen zuständig und seit dem dem 1. April 1938 ständiger Vertreter des Landgerichtspräsidenten.[15]

Losenhausen war nationalliberal und von 1926 bis 1930 Abgeordneter der Deutschen Volkspartei im preußischen Provinziallandtages. Seit 1934/35 und später war er mit Vorlesungen im Zivilrecht an der RWTH Aachen beauftragt.

Losenhausen war als sog. „Märzgefallener" relativ früh Parteimitglied, Mitgliedsnummer 2082147, seit dem 1. Mai 1933. Er wird als ausgezeichneter Richter mit großer Erfahrung bewertet, der auf dem Boden der natiolalsozialistischen. Anschauungen steht. Seine politische Haltung sei bedenkenfrei.

Losenhausen wird nachgesagt, dass er zahlreiche Prozesse mit politischem Einschlag mit Zivilcourage und Gerechtigkeitssinn leitete. Er liess Recht und Gerechtigkeit nicht durch Parteizwänge beugen, obwohl er ansonsten durchaus auf dem Boden nationalsozialistischer Weltanschauung stand. [16]

Losenhausen verstarb am 12. April 1944.

---

14 Case ID 16211; LAV NRW, R, BR - PE 1278; *Siemons*, Kriegsalltag in Aachen, S. 92.

15 Soweit *Vurgun*, Staatsanwaltschaft, S. 41, Losenhausen als Landgerichtspräsidenten benennt, ist dies ein Irrtum.

16 *Siemons*, ebenda, S. 92.

Losenhausen war an den Todesurteilen gegen Obladen, Mehring, und Klimm beteiligt.

Dr. Noessel[17]

Dr. Paul Noessel wurde am 9. Oktober 1898 geboren. Er war seit 1924 am Aachener Gericht, zunächst als Assessor, seit 1929 als Rat und seit dem 1. Dezember 1938 als Landgerichtsdirektor. Er verstarb am 13. April 1944.

Noessel war als Vorsitzender an dem Todesurteil gegen Knops beteiligt.

II. Beisitzer

Dr. Derksen[18]

Dr. Hans Derksen, geb. am 22. August 1906 war seit dem Jahr 1939 Landgerichtsrat in Köln. Er war Beisitzer am Kölner Sondergericht insbesondere auch an den sog. Nacht- und Nebelfällen beteiligt, galt deshalb als belastet und wurde nach dem Krieg Rechtsanwalt.

Zwischenzeitlich an das Sondergericht Aachen abgeordnet, war er als Beisitzer an dem Todesurteil gegen Knops beteiligt.

Dr. Dünnwald[19]

Dr. Arnold Dünnwald, geb. 2. April 1909, wurde im Jahr 1939 Assessor bei dem Landgericht Aachen; wurde dann zum Landgerichtsrat befördert. Er verstarb am 8. April 1944.

Erbel[20]

Geboren am 31. Mai 08 war Otto Erbel zunächst Gerichtsassessor – von 1939 - 1941 – und dann Landgerichtsrat in Aachen, bis er zum Wehrdienst eingezogen wurde.[21]

---

17 Case ID 19004, Manthe, Richter, S. 232.

18 Friedrich 240, 254; www. Dossier-hinrichtung –gabrielweber.de; LA V Rep. 255/142, S. 189 f.

19 Case ID 4786; Handbuch der Justiz 1942, S. 158.

20 Case ID 5398; LAV NRW, R, BR-PE 7311; Handbuch der Justiz 1953, S. 143; 1958, S. 2.

21 Es ist nicht auszuschließen, dass dafür politische Gründe maßgebend waren, vgl. oben 4. Kapitel, III, Todesurteil Hoffmann.

Nach dem Krieg konnte er seine Richterlaufbahn im Oberlandesgerichtsbezirk Koblenz fortsetzen, wurde dort am 18. Juli 1946 Landgerichtsrat und am 1. Juli 1949 Oberlandesgerichtsrat. Von 1956-1964 war Erbel Richter am Bundesgerichtshof..

Kaefer[22]

Am 10. Januar 1904 geboren, wurde Karl Kaefer 1932 Gerichtsassessor. Am 1. März 1937 wurde er Amtsgerichtsrat in Düren. Kaefer war bereits im Jahr 1945 vorläufig als Richter am Amtsgericht Düren beschäftigt, wurde dann aber im Oktober 1945 auf Befehl der britischen Militärregierung entlassen und seinerzeit – weil er in der Partei war – nicht mehr eingestellt. Er war der Militärregierung „nicht genehm“[23]. Gleichwohl wurde er nach Kriegsende am 1. Januar 1949 Oberamtsrichter in Gemünd und am 1. August 1953 dort Amtsgerichtsdirektor.

Kaefer war als Beisitzer an dem Todesurteil gegen Dombret beteiligt.

Dr. Kemper[24]

Dr. Heinz Kemper, geb.22. September 1913, wurde im Jahr 1943 Gerichtsassessor bei dem LG Köln und beisitzender Richter bei dem Aachener Sondergericht.

Nach dem Krieg wurde er Oberamtsrichter in Saarburg – von 1953 bis 1957 – und danach Verwaltungsgerichtsdirektor in Koblenz, Kammer Trier.

Dr. Kemper war als Beisitzer an den Todesurteilen gegen Lövenich und Knops beteiligt.

Kessel[25]

Franz Kessel wurde am 21. August 1908 geboren. Zunächst war er Assessor am Landgericht Köln, dann ab 1. November 1938 als Landgerichtsrat. In den Kriegsjahren war er am Sondergericht Aachen tätig, bevor er zur Wehrmacht eingezogen wurde. Nach dem Krieg war er Landgerichtsrat in Köln und seit dem Jahr 1962 Oberlandesgerichtsrat.

---

22 Handbuch der Justiz 1942, S. 159; 1958, S. 138.

23 LAV NRW, R, Rep. 255/33, S. 124 f.

24 Handbuch der Justiz 1953, S. 139.

25 Case ID 12798; Handbuch der Justiz 1942, S. 163; 1953, S.135.

Dr. Keutgen[26]

Geboren am 12. Juni 1912 wurde Dr. Hans Keutgen im Jahre 1942 Assessor bei dem LG Aachen. Bereits ein Jahr später wurde er Landgerichtsrat.

Nach dem Krieg trat er seinen Richterdienst im Jahr 1946 wieder an. 1953 wurde er Landgerichtsdirektor.

Dr. Keutgen war als Beisitzer an den Todesurteilen gegen Schöner und Pauquet beteiligt.

Kuhnert[27]

Ludwig Kuhnert, geb. 04.05.1910, wurde am 1. November 1940 zum Landgerichtsrat bestellt. Er war Beisitzer am Sondergericht und zum Ende des Krieges zur Staatsanwaltschaft abgeordnet.

Im Jahr 1950 avancierte er zum 1. Staatsanwalt in Itzehohe und 1954 wurde er Oberstaatsanwalt in Essen.

Kuhnert war als Beisitzer an den Todesurteilen gegen Lövenich und Obladen beteiligt.

Paulus[28]

Erich Paulus, geb. 28. März 1908, begann seine Richterlaufbahn 1939 als Assessor in Bamberg. Er wechselte im gleichen Jahr als Landgerichtsrat nach Aachen. Von 1953-1964 wird er wieder als Landgerichtsrat in Aachen tätig.

Paulus war als Beisitzer an den Todesurteilen gegen Kisch und Wüffel beteiligt.

Popp[29]

Everhard Popp, geb. am 26. August 1881, wurde im Jahr 1920 Amtsgerichtsrat in Düren, und zwar bis Kriegsende. Ab dem 22. Juli 1946 war er als Hilfsrichter bei dem AG Aachen eingesetzt, nachdem zuvor am 4. Juni 1946 der Überprüfungsausschuss Popp – Parteimitglied seit dem 1. Mai 1933 – für einen

26 Case ID 12723; Handbuch der Justiz 1953, S. 132.

27 Ccase ID 14862; Handbuch der Justiz 1942, S. 158; 1958, S. 135.

28 Case ID 19708; Handbuch der Justiz 1953, S. 132..

29 Case ID 20412 BR-Pe 1380; Handbuch der Justiz 1942, S. 159.

Wiedereinsatz für geeignet erklärt hatte. Zum 31. Dezember 1947 wurde Popp pensioniert.

Popp war als Beisitzer an dem Todesurteil gegen Dombret beteiligt.

Ropohl[30]

Ropohl, geb.15. Mai 1909, wurde im Jahr 1942 Gerichtsassessor und ein Jahr später – am 1. Juni 1943 - Amtsgerichtsrat in Aachen. Nach dem Krieg war er zunächst – 1950 – Amtsgerichtsrat und von 1953-1964 Landgerichtsrat in Aachen.

Ropohl war als Beisitzer an den Todesurteilen gegen Mehring und Klimm beteiligt.

Dr. Quester[31]

Der am 7. Juni 1895 geborene Kölner Amtsgerichtsrat Dr. Quester war in der Kriegszeit kurz zum Sondergericht Aachen abgeordnet. Nach Kriegsende war er Amtsgerichtsrat und Oberamtsrichter in Köln. Er verstarb am 2. März 1962.

Schauergans[32]

Schauergans gehörte der NSDAP seit dem Jahr 1921 an, war also sog. „alter Kämpfer“. Geboren am 15. Mai 1901 wurde er in Aachen im Jahr 1933 Gerichtsassessor, am 1. Juli 1936 Landgerichtsrat. Nach dem Krieg war er von 1953-1964 Amtgerichtsrat am Amtsgericht Aachen.

Schauergans war als Beisitzer an den Todesurteilen gegen Obladen, Mehring und Klimm beteiligt.

Dr. Scheins[33]

Geboren im Juni 1885 wurde Dr. Scheins im Jahr 1912 Gerichtsassessor und war von 1921-1953 als Landgerichtsrat in Aachen tätig

30 Case ID 22100; Handbuch der Justiz 1953, S. 132.

31 Case ID 20747; Handbuch der Justiz 1953, S. 136.

32 Case ID 23021, *Manthe*, Richter, S. 89 FN; Handbuch der Justiz 1953, S.133.

33 Vgl. Handbuch der Justiz 1942, S. 158; 1953, S. 132.

Schwengers[34]

Schwengers, geb. 31.01.1896, war seit dem Jahre 1921 Gerichtsassessor, seit dem 1. Juni 1928 Landgerichtsrat in Bonn, seit 1942 in Köln. Er war zeitweise an das Sondergericht Aachen abgeordnet.

Im Jahre 1950 wurde er wieder als Landgerichtsrat in Köln eingesetzt und wurde im gleichen Jahr zum Landgerichtsdirektor befördert. Dieses Amt hatte er bis zu seinem Ruhestand im Jahre 1962 inne.

Schwengers war als Beisitzer an den Todesurteilen gegen Bremen, Lövenich, Lemmens u.a. und Pauquet beteiligt.

Dr. Sieberg[35]

Dr. Walter Sieberg, geb. 8. August 1904, war Amtsgerichtsrat in Köln und Beisitzer am Sondergericht Aachen. Nach Kriegsende war er seit dem 1. Mai 1952 als Landgerichtsdirektor in Köln tätig.

van Wersch[36]

Im Januar 1896 geboren, war er von 1921-1929 Gerichtsassessor und von 1929-1938 Landgerichtsrat in Aachen Am 1. November 1939 wurde er zum Landgerichtsdirektor in Aachen befördert. Er verstarb 1943.

Dr. Wilbert[37]

Dr. Paul Wilbert, geb. 28. August 1903, war von 1929-1936 Assessor und anschließend seit dem 1. Mai 1936 Landgerichtsrat in Köln. In den Kriegsjahren war er u.a. zum Sondergericht Aachen abgeordnet und soll auch im Osten und danach bei der Reichsanwaltschaft bei dem Volksgerichtshof gewesen sein.

Er war nach dem Krieg vermisst und soll in Sachsenhausen interniert und dort gestorben sein.

---

34 Case ID 25263; *Manthe*, Richter, 231 FN; Handbuch der Justiz 1942, S. 159; 1953, S. 135.

35 Case ID 25624; Handbuch der Justiz 1942, S. 164; 1953, S. 135.

36 Case ID 28044; Handbuch der Justiz 1942, S. 158.

37 Case ID 30108; Rep. 255/142, S. 190; *Manthe*, Richter, S. 270, 324.

Wirz[38]

Max Wirz wurde im Februar 1891 geboren. Er war von 1921-1931 Gerichtsassessor und danach bis Kriegsende Amtsgerichtsrat in Düren. Im Jahr 1953 avancierte er zum Landgerichtsrat in Köln.

van Kempen[39]

Gerhard van Kempen, geb. 21. Oktober 1908, wurde im Jahr 1944 Amtsgerichtsrat in Köln und am Sondergericht Aachen als Beisitzer eingesetzt. Nach Kriegsende war er ab dem Jahr 1953 wieder als Amtsgerichtsrat in Köln tätig.

van Kempen wirkte als Beisitzer an den Todesurteilen gegen Lemmens u.a. mit.

von der Weiden[40]

Von der Weiden, geb. 21. November 1905, war zunächst Amtsgerichtrat und seit dem 1. August 1938 Landgerichtsrat in Aachen. Erst 1954 wurde er wieder als Amtsrichter in Aachen bestellt.

Dr. Zain[41]

Dr. Zain, geb. April 1904, war seit dem Jahr 1935 als Landgerichtsrat bei dem Landgericht Köln tätig. In den Kriegsjahren war er zeitweise an das Sondergericht Aachen abgeordnet. Seit dem 1. Februar 1951 hatte er eine Planstelle als Landgerichtsdirektor bei dem LG Köln inne.

III. Bei dem Sondergericht tätige Staatsanwälte

Ackermann[42]

Karl Ackermann, geb. 3. September 1897, arbeitete seit dem Jahr 1931 als planmäßiger Staatsanwalt in Aachen. 1938 wurde er Erster Staatsanwalt. Nach dem Tode Führers übernahm er kommissarisch dessen Amt. Ackermann war seit April 1933 Parteimitglied und politisch aktiv. Nach dem Krieg war

38 Case ID 30405; Handbuch der Justiz 1942, S. 159; 1953, S. 135.

39 Case ID 28028; Handbuch der Justiz 1953, S. 136.

40 Case ID 28451; Handbuch der Justiz 1942, S. 158; 1958, S. 138.

41 Handbuch der Justiz 1942, S. 163; 1953, S. 135.

42 Case ID 34; *Vurgun*, Staatsanwaltschaft, 144f., 426,431.

Ackermann bis zu seinem Tod im Jahr 1961 als Staatsanwalt – 1949 – bzw. Erster Staatsanwalt – 1955 – bei dem Landgericht Köln tätig.

Ackermann war für das Todesurteil gegen Dombret als Staatsanwalt verantwortlich.

Führer[43]

Hans Führer wurde mit Wirkung vom 1. August 1933 Leiter der Aachener Staatsanwaltschaft. Er war im nationalsozialistischen Sinne handverlesen. Am 19. Februar 1881 in Aachen geboren, war er seit dem 11. Mai 1908 als Rechtsanwalt beim Land- und Amtsgericht Aachen tätig. Er trat am 1. Januar 1932 der NSDAP bei. Am 1. August 1933 wurde er Oberstaatsanwalt. Im September 1944 floh er mit seiner Behörde nach Düren. Dort starb er in Folge des Bombenangriffs auf Düren am 16. November 1944.[44]

Dr. Höher[45]

Dr. Konrad Höher, geb. September Mai 1905, war seit dem Jahr 1939 Staatsanwalt bei dem Landgericht Aachen. 1942 bis 1944 war er als Staatsanwalt Dezernatsleiter für Sondergerichtssachen. Ab dem 12. September 44 war er zur Reichsanwaltschaft abgeordnet. Dr. Höher gehörte der Partei erst seit dem 1. Januar 1940 an.

Dr. Höher wurde am 8. Februar 1949 vom Entnazifizierungsausschuss des Stadtkreises Köln in Kategorie IV ohne Vermögenssperre eingestuft.

Rechtsanwalt Dr. Franz Lauber erklärte in der Entnazifizierungsakte:

> Höher war der schärfste Staatsanwalt, den ich gekannt habe. Er kannte keine Gnade.

Dem gegenüber äußerte Jusitzrat Max Klein, dass Höher immer korrekt gewesen sei.

Seit dem 1. April 1954 war Höher wieder planmäßig als Staatsanwalt bei dem Landgericht Köln tätig, nachdem er seit 1950 als beauftragter Staatsanwalt eingesetzt war. Am 19. November 1963 wurde er auf seinen Antrag hin in den Ruhestand versetzt. Vorhergegangen war die Aufnahme von Ermittlungen wegen der Tätigkeit des Höher bei der Reichsanwaltschaft.

---

43 Case ID 6653; Handbuch der Justiz 1942, S. 158.

44 *Birmanns*, Aachener Justiz, S. 218.

45 Case ID 10975 NW 1049 Nr 37731; *Vurgun*, Staatsanwaltschaft, S. 150 f., 426,432.

Dr. Marx[46]

Dr. Gerhard Marx, geb. 16. Dezember 1906, war seit dem 1. Juni 1939 als Staatsanwalt in Aachen tätig und Ankläger beim Sondergericht. Schon kurz nach dem Krieg wurde er als Richter am AG Eschweiler tätig. 1953 wurde er planmäßig Amtsgerichtsrat und 1962 dort Amtsgerichtsdirektor. Seine Tätigkeit am Sondergericht war den Justizbehörden, wie sich aus einem Bericht des Bundesjustizministeriums im Jahr 1967 ergibt, offensichtlich nicht bekannt.

Marx hatte als Staatsanwalt die Todesurteile gegen Obladen, Bremen und Mehring zu vertreten.

Venator[47]

Staatsanwalt Rolf Venator, geb. 15. Januar 1910, war seit dem Jahr 1940 als StA in Köln tätig, und zu Beginn des Jahres 1942 für wenige Wochen an das Sondergericht Aachen abgeordnet. Im Jahre 1945 war er zur Reichsanwaltschaft delegiert. Nach dem Krieg war er nicht mehr im Justizdienst tätig. Sein Antrag auf Wiedereinstellung in den Justizdienst wurde abgelehnt. Er war seit dem 5. April 1951 als Rechtsanwalt tätig.

Wickmann[48]

Hans Wickmann, geb. 12. Dezember 01, Parteimitglied seit dem 1. Mai 1933, war seit dem 1. Juni 1936 als Staatsanwalt in Aachen tätig. Bereits kurz nach dem Krieg, und zwar im Jahr 1946, wurde er wieder als Staatsanwalt eingesetzt. Im August 1952 wurde er zum Ersten Staatsanwalt befördert, 1955 wurde er Oberstaatsanwalt.. Im Jahr 1966 trat er inden Ruhestand.

Wickmann war als Staatsanwalt an den Verfahren gegen Klimm und Knops tätig..

Zimmerath[49]

Paul Friedrich Wilhelm Zimmerath, geb. 16. August 1908, arbeitete seit dem 1. Juni 1939 bei der Staatsanwaltschaft Aachen und wurde im März 1944 zur Generalstaatsanwaltschaft in Prag abgeordnet. Nach dem Krieg arbeitete er zunächst aushilfsweise bei der Staatsanwaltschaft Bonn, danach als planmäßi-

---

46 Case ID 16788; *Vurgun*, ebenda, S. 159, 429 431.

47 Case ID 28090; *Vurgun*, ebenda,, S. 156, 429.

48 Case ID 29935; *Vurgun*, ebenda, S. 164,430,431.

49 Case ID 31077; *Vurgun*, ebenda, S. 168, 427.

ger Staatsanwalt in Köln und ab 1955 als Erster Staatsanwalt wiederum in Bonn. Im September 1973 wurde er in den Ruhestand versetzt.

Zimmerath hatte als Staatsanwalt die Todesurteile gegen Kisch, Wüffel, Schöner, Lövenich, Lemmens u.a. und Pauquet zu vertreten. Er war „für die nationalsozialistische Rechtspflege im Aachener Bezirk in besonders starkem Maße verantwortlich“.[50]

Allerdings schonte er nicht grundsätzlich die Parteigänger der NSDAP. Im Verfahren Schöner widersetzte er sich den Einflüssen der Parteileitung und setzte das Todesurteil gegen den NSDAP-Ortsgruppenleiter von Würselen durch.[51] In der Konsequenz seiner Unbeirrbarkeit hatte er schließlich seine Versetzung nach Prag hinzunehmen.[52]

50 LAV NRW, R, HSA Pe 15279, Band II, S. 175 f., zitiert nach *Vurgun*, Staatsanwaltschaft, S. 172.

51 Vgl oben 4. Kapitel, III, Verfahren Schöner.

52 *Vurgun*, Staatsanwaltschaft, S. 175 f.

6. Kapitel: Schlussbetrachtung

Die Aachener Sondergerichtsbarkeit in der Zeit der nationalsozialistischen Unrechtsherrschaft und seine Juristen gehörten zu den willfährigen Dienern und Stützen des Regimes. Sie betrieben massenhaft Unrechtspflege aus Schwäche und Überzeugung.[1] Die Aachener Sondergerichtsbarkeit hat insgesamt linientreu agiert.[2]

Betrachtet man die Rechtsprechung des Aachener Sondergerichts aus der Sicht unserer heutigen demokratischen Rechtsordnung, so kann und muss man über ihre unerbittliche Härte und die große Zahl der Todesurteile bestürzt sein. Das Gericht hat Urteile mit justizieller Brutalität gefällt, Urteile, die schlimm sind: überharte und exzessive Strafen und Todesurteile, die jedem Recht Hohn sprechen.

Zwar blieb das Justizsystem in Aachen auf formale Ordnung bedacht, arbeitete nach bürokratischen Verfahren und bewahrte eine Restsubstanz an Rechtsförmigkeit[3]

Aber es kamen Gesetze zum Tragen, die schon für sich, erst Recht aber in ihrer konkreten Anwendung mit rechtsstaatlichen Anforderungen unvereinbar und nicht an der Wahrung von Menschenrechten ausgerichtet waren. Das Verhalten der Jusitz im Dritten Reich, die eine wichtige Funktion für die Aufrechterhaltung der faschistischen Diktatur und des Unrechtsregime stabilisiert hatte, wurde von der bundesrepublikanischen Justiz bis heute nur unzureichend geahndet. Viel zu spät wurde die Justiz auch gegen Nazi-Richter aktiv.

In diesem Zusammenhang sind allerdings Pauschalurteile und Selbstgerechtigkeit unangebracht. Das Thema ist differenziert zu betrachten, geleitet von Habermas´ Postulat eines „klugen Differenzierens zwischen Verstehen und Verurteilen."[4]

Die am Sondergericht Aachen tätigen Staatsanwälte waren Parteimitglieder und allesamt politisch aktiv. Bei der Stellenbesetzung zählte die politische

1 Vgl oben Einleitung; *Schweda*, in Aachener Nachrichten vom 28. August 2015 in einem Bericht über die Doktorarbeit Vurgun; Boberach, Beiträge, S. 160.

2 Ebenda, vgl. *Vurgun*, Staatsanwaltschaft, S. 177 ff.

3 *Boberach*, Justiz und Nationalsozialismus im Rheinland, S.227.

4 Zitiert nach *Bozyakali*, Hanseatisches OLG, S. 24.

https://doi.org/10.1515/9783110603125-007

Zuverlässigkeit mehr als die fachliche Eignung. Sie nutzten den durch die verwerflichen Gesetze vorgegebenen Strafrahmen in der Mehrzahl der Fälle extensiv und unreflektiert aus.

Viele Richter waren schon vor 1933 in der Justiz tätig. Junge Assessoren wurden erst im Verlaufe des Krieges an das Sondergericht berufen; aber sie gliederten sich in die neue Justiz ein.[5]

Viele waren an der Umsetzung des Führerwillens beteiligt, sahen sich als Diener des Gesetzes. Manche mögen in diese Rolle geflüchtet sein. Wieder Andere hatten ganz einfach Angst, ihren sozialen Status zu verlieren. Die große Masse verhielt sich so, wie sich Menschen eben verhalten: Beförderungswünsche und Karrieresucht, Rücksicht auf und Angst um die Familie.[6] Vage Hoffnungen, dass alles gut gehen werde, Abstumpfung, trotziges erst recht nach der Selbsterkenntnis der Besudelung, fehlende Zivilcourage, Lebenslügen, Anpassung. Mit einem unübertreffbaren deutschen Wort, welches alles erklärt, aber nichts entschuldigen kann: „*Verstrickung*". Alle diese Verstrickten haben schließlich ihre nationsozialistisch interpretierte Unabhängigkeit akzeptiert und die „freie Hingabe des Richtertums an die Ziele der Staatsführung", sei es gespielt, sei es vollzogen. Schlechte Richter waren diese Verstrickten aber auch aus unserer Sicht. Denn sie haben aus Schwäche dieses System mitverwirklicht, mitgestützt und durchgehalten und sich damit jene Verachtung eingehandelt, welche der Lohn der Lauheit ist. Bei der Formulierung derartiger Verachtung dürfen wir uns allerdings Zurückhaltung empfehlen. Selbstsichere Selbstgerechtigkeit können sich nie in existentieller Bedrohung oder in berauschender Versuchung Gewesene eigentlich nicht leisten.[7] Es gab auch eine ständige Drucksituation wegen der u.k.-Stellung der am Sondergericht Aachen tätigen Juristen.[8] Gericht oder Krieg war die Frage und zum Märtyrertum – das beweist nicht nur die Justizgeschichte des 3. Reiches – ist der größte Teil der Menschen nicht geschaffen.[9] Wie hätten wir uns als heutige Juristen damals verhalten?

Wie war es überhaupt möglich, dass Richter zu Tätern wurden? Waren sie persönlich schuldig?

---

5 *Schroeder*, Sondergerichte in Sachsen, S. 109.

6 *Simon*, NS-Richter, S. 22.

7 Ebenda, S. 22 f.

8 *Weckbecker*, Sondergerichte Frankfurt am Main und Bromberg, S. 5, *Schroeder*, ebenda, S. 109.

9 *Fieberg*, Einführung Engelhard, S. 7; *Thamer*, NS-Justiz, S. 16.

Der frühere Bundeskanzler Helmut Schmidt hat unterschieden zwischen Leuten, die sich am Recht anderer vergangen haben und Leuten, die sich gegenüber ihren Mitbürgern nichts haben zu schulden kommen lassen. Dass einer Nazi war, blieb in seinen Augen verzeihlich, solange er nicht Anderen Unrecht zugefügt hatte. Jeder habe das Recht auf einen Neuanfang.[10]

Der Bundesgerichtshof hat in seinen Entscheidungen unabhängig von der Problematik strafrechtlicher Bewertung der Rechtsprechung in einem totalitären System hervorgehoben, dass nicht jede unrichtige Rechtsanwendung eine Beugung des Rechts darstellt.[11] Er stellt weiter fest, dass die Anwendung rechtsstaatswidriger Normen als solche straflos ist.[12] Nur die Willkürlichkeit der Rechtsanwendung als offensichtliche Menschenrechtsverletzung begründet den Vorwurf der Rechtsbeugung.[13]

Mag sich ein jeder zu den Aachener Richtern und Staatsanwälten eine Meinung bilden. Manche haben Anderen Unrecht zugefügt. Manche haben nach der heutigen Definition des Bundesgerichtshofes das Recht gebeugt. Die jedenfalls, die an Todesurteilen beteiligt waren, hätten nach dem Krieg nicht wieder in der Justiz tätig sein dürfen. Dass dies geschehen ist, ist ein folgenschweres Versagen der deutschen Justiz.

---

10 *Schmidt*, Was ich noch sagen wollte, CD 2.

11 BGH 5 StR 713/94, Urteil vom 15. September 1995, HRRS-Datenbank, RN 17 ff.

12 Ebenda.

13 Ebenda.

Literaturverzeichnis

Angermund, Ralph: Deutsche Richterschaft 1919-1945, Frankfurt am Main, 1990

Benz, Wolfgang: Potsdam 1945, Besatzungsherrschaft und Neuaufbau im Vier – Zonen – Deutschland, München, 1994.

Benzler, Susanne, **Perels**, Joachim: Justiz und Staatsverbrechen. Über den juristishen Umgang mit der NS-Euthanasie, in Loewy / Winter, NS-Euthanasie vor Gericht, Frankfurt a.M., New York, 1996, S. 15-34.

Bergmann, Klaus: Sondergerichte in der Justiz des Nationalsozialismus - das Sondergericht Oldenburg, Hannover, 2001.

Birmanns, Martin: Die Aachener Justiz im Zeitalter des Nationalsozialismus, Zeitschrift des Aachener Geschichtsvereins, Band 101, Jahrgang 1997/1998, S. 209-265.

Bistum Aachen: Priesterschicksale im Dritten Reich aus dem Bistum Aachen, Aachen, 1972.

Blumberg-Ebel, Anna, Sondergerichtsbarkeit und politischer Katholizismus im Dritten Reich, Mainz, 1990

Boberach, Heinz, (Hrsg.) Richterbriefe. Dokumente zur Beeinflussung der deutschen Rechtsprechung 1942-1944, Boppard, 1975

Boberach, Heinz, Justiz und Nationalsozialismus im Rheinland, Rheinische Vierteljahresblätter, 1995, S. 211-229.

Boberach, Heinz, Beiträge zur rheinischen Landesgeschichte und zur Zeitgeschichte, Koblenz, 2001.

Bozyakali, Can, Das Sondergericht am hanseatischen Oberlandesgericht – Eine Untersuchung der NS-Sondergerichte unter Berücksichtigung der Anwendung der Verordnung gegen Volksschädlinge, Frankfurt am Main/Berlin/Bern/Bruxelles/New York/Oxford/Wien 2005

Bremer, Stephanie-Sophia, Die Rechtbesprechungspraxis des Sondergerichts Köln: Erste Erkenntnisse einer empirischen Studie, in: „Ein eifrigster Diener und Schützer des Rechts, Justizministerium des Landes NRW, Bd. 15, Forschungsstelle „Justiz und Nationalsozialismus“

https://doi.org/10.1515/9783110603125-008

Broszat, Martin, Der Staat Hitlers, Grundlegung und Entwicklung seiner inneren Verfassung, Wiesbaden 2007.

Broszat, Martin, Siegerjustiz oder „strafrechtliche Selbstreinigung, in: Vierteljahrshefte für Zeitgeschichte 1981, S. 477-544.

Broszat, Martin, Zur *Perversion der Strafjustiz* im Dritten Reich, in: Vierteljahrshefte für Zeitgeschichte 1958, S. 390-443.

Bundesminister der Justiz, Katalog zur Ausstellung Justiz und Nationalsozialismus, Köln, 1989, zitiert im weiteren: Katalog 1989.

Crohne, Wilhelm, Bedeutung und Aufgaben der Sondergerichte, in: Deutsche Justiz 1933, S. 384-385

Daubach, Verena-Helia, Einleitung/Vorwort, in: Justizministerium NRW (Hrsg.) „Eifrigster Diener und Schützer des Rechts, nationalsozialistische Sondergerichtsbarkeit – ein Tagungsband, Düsseldorf 2007 (Band 15)

Deutscher Richterbund (Hrsg), Handbuch der Justiz, Hamburg, Berlin, Bonn, 1. Jahrgang 1953, 2. Jahrgang 1954, 3. Jahrgang 1958.

Diestelkamp, Bernhard/ Stolleis, Michael (Hrsg), Justizalltag im Dritten Reich, Frankfurt am Main, 1988.

Dörner, Bernward, Justizterror bei weitgehender Wahrung der Form, in: Justizministerium NRW (Hrsg), „eifrigster Diener und Schützer des Rechts, des nationalsozialistischen Rechts…“, Nationalsozialistische Sondergerichtsbarkeit – ein Tagungsband, S. 8-33, Düsseldorf, 2007.

Ehrich, Udo, Entnazifizierung und Wiedereinstellung der Juristen nach 1945, Norderstedt, 2016

Engelhard, Hans A., Geleitwort, in: *Fieberg*, Gerhard, Justiz im nationalsozialistischen Deutschland, Köln, 1984.

Forsberg, Ralf, Die medizinische Fakultät der Universität Bonn im Dritten Reich, München, 2006.

Freisler, Roland, Nationalsozialistisches Recht und Rechtsdenken, Berlin, 1938.

Friedrich, Jörg, Freispruch für die Nazi-Justiz, Reinbek bei Hamburg, 1983.

Haupts, Leo, Nationalsozialismus in Aachen, in: Zeitschrift des Aachener Geschichtsvereins, Band 98/99, Aachen 1993, S.609-634.

HAFERKAMP, Hans-Peter, **SZÖLLÖSI-JANZE**, Margit, **ULLMANN**, Hans-Peter (Hrsg.), Justiz im Krieg, Der Oberlandesgerichtsbezirk Köln 1939-1945, Berlin, 2012.

HEILBRONN, Wolfgang, Der *Aufbau* der nordrhein-westfälischen Justiz in der Zeit von 1945 bis 1948/9, in: 50 Jahre Justiz in NRW, Justizministerium des Landes NRW, Bd. 5, Forschungsstelle Justiz und Nationalsozialismus. Recklinghausen 1996, S. 1 – 60.

HERBERS, Matthias, Organisationen im Krieg, Die Justizverwaltung im Oberlandesgerichtsbezirk Köln 1939-1945, Tübingen 2012.

HÜTTENBERGER, Peter, Nordrhein-Westfalen und die Entstehung seiner parlamentarischen Demokratie, Siegburg 1973.

JOHE, Werner, Die gleichgeschaltete Justiz, Hamburg 1983.

JUSTIZAKADEMIE DES LANDES NORDRHEIN-WESTFALEN (Hrsg.), Zum Aufbau der Justiz in den Oberlandesgerichtsbezirken Düsseldorf, Hamm und Köln in der frühen Nachkriegszeit, Recklinghausen 1995.

KASTNER,Klaus, Das „Recht“ im Dritten Reich – wie konnte es dazu kommen, wie wurde man damit fertig? in: Riedel-Spangenberger, Ilona (Hrsg.), Die Aufhebung diktatorischer Unrechtsurteile, Freiburg, 2001, S. 23-41.

KAUL, Friedrich-Karl, Geschichte des Reichsgerichts, 1933-1945, Band IV, Glashütten im Taunus 1971.

KLEIN, Adolf, Köln im Dritten Reich, Köln, 1983

KRUMSIEK, Rolf, Einführung, Nationalsozialismus und Justiz, in: Agenda-Verlag (Hrsg.), Nationalsozialismus und Justiz, Münster, 1993, Einführung S. 11.

LUDEWIG, Hans-Ulrich, „Es sei also jeder gewarnt“. Das Sondergericht Braunschweig 1933-1945, Braunschweig, 2000.

MANN, Golo, Deutsche Geschichte des neunzehnten und zwanzigsten Jahrhundert, Frankfurt am Main, 1961.

MARXEN, Klaus, Strafjustiz im Nationalsozialismus, in: Diestelkamp/Stolleis, Justizalltag im Dritten Reich, S. 100-111.

MÜLLER, Ingo, Furchtbare Juristen, München 1987.

MAJER, Diemut, „Fremdvölkische“ im Dritten Reich. Ein Beitrag zur nationalsozialistischen Rechtssetzung und Rechtspraxis in Verwaltung und Justiz unter besonderer Berücksichtigung der eingegliederten Ostgebiete und des Generalgouvernements, Boppard 1981.

MANTHE, Barbara, Richter in der nationalsozialistischen Kriegsgesellschaft, Beruflicher und privater Alltag von Richter des Oberlandesgerichtsbezirks Köln, 1939-1945, Tübingen 2013.

MEZGER, Edmund, Kriminalpolitik und ihre kriminologischen Grundlagen, 3. Auflage, Stuttgart 1944.

MILITÄRREGIERUNG DES FRANZÖSISCHEN BESATZUNGSGEBIETES IN DEUTSCHLAND (Hrsg.), Der Konstanzer Juristentag (2.-5. Juni 1947). Ansprachen, Vorträge, Diskussionsreden, Tübingen 1947.

NESTLER, Gerhard, **ZIEGLER**, Hannes (Hrsg), Die Pfalz unterm Hakenkreuz, Eine deutsche Provinz während der nationalsozialistischen Terrorherrschaft, Landau 1997.

PAULUS, Helmut, Das Sondergericht Bayreuth 1942-1945. Ein düsteres Kapitel der Beyreuther Justizgeschichte, in: Archiv für Geschichte von Oberfranken, Band 77, 1997, 483-527.

REICHSMINISTERIUM DER JUSTIZ (Hrsg), Handbuch der Justiz, Berlin 1942.

RIEDEL-SPANGENBERGER, Ilona (Hrsg.), Die Aufhebung diktatorischer Unrechtsurteile, Freiburg, Basel, Wien, 2001.

ROTTLEUTHNER, Hubert, Karrieren und Kontinuitäten deutscher Justizjuristen vor und nach 1945 mit CD-Rom, Berlin 2010.

RÜPING, Hinrich, Die Staatsanwaltschaft im Dritten Reich als „gegebene Lenkungsbehörde", Vortrag vom 8. November 2001, herausgegeben vom Niedersächsichen Justizministerium, www.niedersachsen.de/MJ1.htm. Wanderausstellung.

RÜPING, Hinrich, Sondergerichte im Dritten Reich, in Recht – Idee – Geschichte. Beiträge, Köln 2000, S 115-132.

RÜPING, Hinrich, Staatsanwaltschaft und Provinzialverwaltung im Dritten Reich, Baden-Baden 1990.

SCHMIDT, Eberhard, Einführung in die Geschichte der deutschen Strafrechtspflege, Göttingen 1965.

SCHMIDT, Herbert, „beabsichtige ich, die Todesstrafe zu beantragen". Die nationalsozialistische Sondergerichtsbarkeit im Oberlandesgerichtsbezirk Düsseldorf 1933-1945, Essen 1998.

Schmidt, Helmut, Was ich noch sagen wollte, Lesung mit Hanns Zischler, Der Audio Verlag 2015.

Schörken, Rolf, Jugend 1945 – Politisches Denken und Lebensgeschichte, Frankfurt am Main 2005.

Schorn, Hubert, Die Richter im Dritten Reich, Frankfurt am Main, 1959.

Schroeder, Friedrich-Christian, Die nationalsozialistischen Sondergerichte in Sachsen 1933-1945, Baden-Baden, 1998, S. 93-115 in: Franz Josef Düwell/ Thomas Vormbaum, (Hrsg.) Schwerpunktthema: Recht und Nationalsozialismus, Baden-Baden, 1998.

Schumann, Eva (Hrsg.), Kontinuitäten und Zäsuren, Rechtswissenschaft und Justiz im „Dritten Reich" und in der Nachkriegszeit, Göttingen 2008.

Siemons, Hans, Kriegsalltag in Aachen, Aachen 1998.

Simon, Dieter, Waren die NS-Richter unabhängige Richter im Sinne des § 1 GVG?, in: Diestelkamp / Stolleis, S. 11-25.

Stirken, Hermann-Josef, Der Kölner Justizalltag im Zweiten Weltkrieg, dargestellt an Hand der Lageberichte des Oberlandesgerichtspräsidenten und des Generalstaatsanwalts an das Reichsjustizministerium, Köln 2008.

Streim, Alfred, Zur Bildung und Tätigkeit der Sondergerichte, in: Thomas Schnabel (Hrsg.),Formen des Widerstandes im Südwesten 1933-1945, S. 237-258, Ulm, 1994.

Thamer, Hans-Ulrich, NS-Justiz und Täterforschung, in Arntz, Haferkamp, Szöllösi-Janze, Justiz im Nationalsozialismus, Hamburg 2006.,

Vollnhals, Clemens (Hrsg.), Entnazifizierung Politische Säuberung und Rehabilitierung in den vier Besatzungszonen 1945 – 1949, München,1991.

von Hehl, Ulrich, Priester unter Hitlers Terror, Mainz 1985.

Vormbaum, Thomas, Strafjustiz im Nationalsozialismus. Ein kritischer Literaturbericht, in: GA, 1998, S.1-31.

Vurgun, Oskar Gerhard, Die Staatsanwaltschaft beim Sondergericht Aachen, Jur. Diss. Universität Salzburg 2014.

Weckbecker, Gerd, Zwischen Freispruch und Todesstrafe. Die Rechtsprechung der nationalsozialistischen Sondergerichte Frankfurt am Main und Bromberg, Baden-Baden 1998.

Wenzlau, Reinhold Joachim, Der Wiederaufbau der Justiz in Nordwestdeutschland 1945 bis 1949, Diss., Königstein/Ts 1979.

Werle, Gerhard, Justiz-Strafrecht und polizeiliche Verbrechensbekämpfung im Dritten Reich,Berlin, New York, 1989.

Werle, Gerhard, Das Strafrecht als Waffe: Die Verordnung gegen Volksschädlinge vom 5. September 1939, in: JuS 1989, S. 952-958.

Wolffram, Josef; Klein Adolf (Hrsg.), Recht und Rechtspflege in den Rheinlanden, Festschrift zum 150jährigen Bestehen des Oberlandesgerichts Köln, Köln 1969.

Wrobel, Hans, Verurteilt zur Demokratie, in: Ostendorf / Danker, Die NS-Strafjustiz und ihre Nachwirkungen. Baden-Baden 2003, S. 191-200.

Wüllenweber, Hans, Sondergerichte im Dritten Reich, Vergessene Verbrechen der Justiz, Frankfurt am Main, 1990.

Zimmermann, Reinhard, Der Oberste Gerichtshof für die Britische Zone (1948-1950) und die Fortbildung des Bürgerlichen Rechts, in: Zeitschrift für neuere Rechtsgeschichte 1981, S. 158-183.

Abkürzungsverzeichnis

Abs.	Absatz
a.E.	am Ende
AG	Amtsgericht
Anm.	Anmerkung
Anw.Bl.	Anwaltsblatt
BArch	Bundesarchiv Berlin
BGH	Bundesgerichtshof
DAF	Deutsche Arbeitsfront
DJ	Deutsche Justiz
DR	Deutsches Recht
DRiZ	Deutsche Richterzeitung
EStA	Erster Staatsanwalt
GA	Goltdammer`s Archiv
Gestapo	Geheime Staatspolizei
GStA	Generalstaatsanwalt/-schaft
GVG	Gerichtsverfassungsgesetz
HJ	Hitlerjugend
Jur.Diss.	Juristische Dissertation
JuS	Juristische Schulung
JVA	Justizvollzugsanstalt
JW	Juristische Wochenschrift
KrWVO	Kriegswirtschaftsverordnung
KSSVO	Kriegssonderstrafrechtsverordnung
LAV NRW, R	Landesarchiv NRW, Abteilung Rheinland

https://doi.org/10.1515/9783110603125-009

LG	Landgericht
LOStA	Leitender Oberstaatsanwalt
NSDAP	Nationalsozialistische Deutsche Arbeiterpartei
NSV	Nationalsozialistische Volkswohlfahrt
OGHSt	Oberster Gerichtshof für die Britische Zone, Entscheidungen in Strafsachen
OLG	Oberlandesgericht
R	Repositur
RGBl.	Reichsgesetzblatt
RGSt	Entscheidungen des Reichsgerichts in Strafsachen
RJM	Reichsjustizministerium
SD	Sicherheitsdienst des Reichsführers SS
SG	Sondergericht
Sp.	Spalte
SS	Schutzstaffel der NSDAP
StGB	Strafgesetzbuch
StPO	Strafprozessordnung
U.K.	Unabkömmlichkeitsstellung (hier: Befreiung vom Wehrdienst)
VDA	Verein für Deutsche Kulturbeziehungen im Ausland
VfZ	Vierteljahrshefte für Zeitgeschichte
VO	Verordnung
VVO	Volksschädlingsverordnung
ZAGV	Zeitschrift des Aacheners Geschichtsvereins
ZDNotV	Zeitschrift des Deutschen Notarvereins

Juristische Zeitgeschichte

Herausgeber: Prof. Dr. Dr. Thomas Vormbaum, FernUniversität in Hagen

Abteilung 1: Allgemeine Reihe

1 *Thomas Vormbaum (Hrsg.):* Die Sozialdemokratie und die Entstehung des Bürgerlichen Gesetzbuchs. Quellen aus der sozialdemokratischen Partei und Presse (1997)
2 *Heiko Ahlbrecht:* Geschichte der völkerrechtlichen Strafgerichtsbarkeit im 20. Jahrhundert (1999)
3 *Dominik Westerkamp:* Pressefreiheit und Zensur im Sachsen des Vormärz (1999)
4 *Wolfgang Naucke:* Über die Zerbrechlichkeit des rechtsstaatlichen Strafrechts. Gesammelte Aufsätze zur Strafrechtsgeschichte (2000)
5 *Jörg Ernst August Waldow:* Der strafrechtliche Ehrenschutz in der NS-Zeit (2000)
6 *Bernhard Diestelkamp:* Rechtsgeschichte als Zeitgeschichte. Beiträge zur Rechtsgeschichte des 20. Jahrhunderts (2001)
7 *Michael Damnitz:* Bürgerliches Recht zwischen Staat und Kirche. Mitwirkung der Zentrumspartei am Bürgerlichen Gesetzbuch (2001)
8 *Massimo Nobili:* Die freie richterliche Überzeugungsbildung. Reformdiskussion und Gesetzgebung in Italien, Frankreich und Deutschland seit dem Ausgang des 18. Jahrhunderts (2001)
9 *Diemut Majer:* Nationalsozialismus im Lichte der Juristischen Zeitgeschichte (2002)
10 *Bianca Vieregge:* Die Gerichtsbarkeit einer „Elite". Nationalsozialistische Rechtsprechung am Beispiel der SS- und Polizeigerichtsbarkeit (2002)
11 *Norbert Berthold Wagner:* Die deutschen Schutzgebiete (2002)
12 *Miloš Vec:* Die Spur des Täters. Methoden der Identifikation in der Kriminalistik (1879–1933), (2002)
13 *Christian Amann:* Ordentliche Jugendgerichtsbarkeit und Justizalltag im OLG-Bezirk Hamm von 1939 bis 1945 (2003)
14 *Günter Gribbohm:* Das Reichskriegsgericht (2004)
15 *Martin M. Arnold:* Pressefreiheit und Zensur im Baden des Vormärz. Im Spannungsfeld zwischen Bundestreue und Liberalismus (2003)
16 *Ettore Dezza:* Beiträge zur Geschichte des modernen italienischen Strafrechts (2004)
17 *Thomas Vormbaum (Hrsg.):* „Euthanasie" vor Gericht. Die Anklageschrift des Generalstaatsanwalts beim OLG Frankfurt/M. gegen Werner Heyde u. a. vom 22. Mai 1962 (2005)
18 *Kai Cornelius:* Vom spurlosen Verschwindenlassen zur Benachrichtigungspflicht bei Festnahmen (2006)
19 *Kristina Brümmer-Pauly:* Desertion im Recht des Nationalsozialismus (2006)
20 *Hanns-Jürgen Wiegand:* Direktdemokratische Elemente in der deutschen Verfassungsgeschichte (2006)
21 *Hans-Peter Marutschke (Hrsg.):* Beiträge zur modernen japanischen Rechtsgeschichte (2006)
22 *Katrin Stoll:* Die Herstellung der Wahrheit (2011)

23 *Thorsten Kurtz:* Das Oberste Rückerstattungsgericht in Herford (2014)
24 *Sebastian Schermaul:* Die Umsetzung der Karlsbader Beschlüsse an der Universität Leipzig 1819–1848 (2013)

Abteilung 2: Forum Juristische Zeitgeschichte

1 *Franz-Josef Düwell / Thomas Vormbaum (Hrsg.):* Themen juristischer Zeitgeschichte (1) – Schwerpunktthema: Recht und Nationalsozialismus (1998)
2 *Karl-Heinz Keldungs:* Das Sondergericht Duisburg 1943–1945 (1998)
3 *Franz-Josef Düwell / Thomas Vormbaum (Hrsg.):* Themen juristischer Zeitgeschichte (2) – Schwerpunktthema: Recht und Juristen in der Revolution von 1848/49 (1998)
4 *Thomas Vormbaum:* Beiträge zur juristischen Zeitgeschichte (1999)
5 *Franz-Josef Düwell / Thomas Vormbaum:* Themen juristischer Zeitgeschichte (3), (1999)
6 *Thomas Vormbaum (Hrsg.):* Themen juristischer Zeitgeschichte (4), (2000)
7 *Frank Roeser:* Das Sondergericht Essen 1942–1945 (2000)
8 *Heinz Müller-Dietz:* Recht und Nationalsozialismus – Gesammelte Beiträge (2000)
9 *Franz-Josef Düwell (Hrsg.):* Licht und Schatten. Der 9. November in der deutschen Geschichte und Rechtsgeschichte – Symposium der Arnold-Freymuth-Gesellschaft, Hamm (2000)
10 *Bernd-Rüdiger Kern / Klaus-Peter Schroeder (Hrsg.):* Eduard von Simson (1810–1899). „Chorführer der Deutschen“ und erster Präsident des Reichsgerichts (2001)
11 *Norbert Haase / Bert Pampel (Hrsg.):* Die Waldheimer „Prozesse“ – fünfzig Jahre danach. Dokumentation der Tagung der Stiftung Sächsische Gedenkstätten am 28. und 29. September in Waldheim (2001)
12 *Wolfgang Form (Hrsg.):* Literatur- und Urteilsverzeichnis zum politischen NS-Strafrecht (2001)
13 *Sabine Hain:* Die Individualverfassungsbeschwerde nach Bundesrecht (2002)
14 *Gerhard Pauli / Thomas Vormbaum (Hrsg.):* Justiz und Nationalsozialismus – Kontinuität und Diskontinuität. Fachtagung in der Justizakademie des Landes NRW, Recklinghausen, am 19. und 20. November 2001 (2003)
15 *Mario Da Passano (Hrsg.):* Europäische Strafkolonien im 19. Jahrhundert. Internationaler Kongreß des Dipartimento di Storia der Universität Sassari und des Parco nazionale di Asinara, Porto Torres, 25. Mai 2001 (2006)
16 *Sylvia Kesper-Biermann / Petra Overath (Hrsg.):* Die Internationalisierung von Strafrechtswissenschaft und Kriminalpolitik (1870–1930). Deutschland im Vergleich (2007)
17 *Hermann Weber (Hrsg.):* Literatur, Recht und Musik. Tagung im Nordkolleg Rendsburg vom 16. bis 18. September 2005 (2007)
18 *Hermann Weber (Hrsg.):* Literatur, Recht und (bildende) Kunst. Tagung im Nordkolleg Rendsburg vom 21. bis 23. September 2007 (2008)
19 *Francisco Muñoz Conde / Thomas Vormbaum (Hrsg.):* Transformation von Diktaturen in Demokratien und Aufarbeitung der Vergangenheit (2010)
20 *Kirsten Scheiwe / Johanna Krawietz* (Hrsg.): (K)Eine Arbeit wie jede andere? Die Regulierung von Arbeit im Privathaushalt (2014)
21 *Helmut Irmen:* Das Sondergericht Aachen 1941–1945 (2018)

Abteilung 3: Beiträge zur modernen deutschen Strafgesetzgebung. Materialien zu einem historischen Kommentar

1 *Thomas Vormbaum / Jürgen Welp (Hrsg.):* Das Strafgesetzbuch seit 1870. Sammlung der Änderungen und Neubekanntmachungen; Vier Textbände (1999–2002) und drei Supplementbände (2005, 2006)

2 *Christian Müller:* Das Gewohnheitsverbrechergesetz vom 24. November 1933. Kriminalpolitik als Rassenpolitik (1998)

3 *Maria Meyer-Höger:* Der Jugendarrest. Entstehung und Weiterentwicklung einer Sanktion (1998)

4 *Kirsten Gieseler:* Unterlassene Hilfeleistung – § 323c StGB. Reformdiskussion und Gesetzgebung seit 1870. (1999)

5 *Robert Weber:* Die Entwicklung des Nebenstrafrechts 1871–1914 (1999)

6 *Frank Nobis:* Die Strafprozeßgesetzgebung der späten Weimarer Republik (2000)

7 *Karsten Felske:* Kriminelle und terroristische Vereinigungen – §§ 129, 129a StGB (2002)

8 *Ralf Baumgarten:* Zweikampf – §§ 201–210 a.F. StGB (2003)

9 *Felix Prinz:* Diebstahl – §§ 242 ff. StGB (2003)

10 *Werner Schubert / Thomas Vormbaum (Hrsg.):* Entstehung des Strafgesetzbuchs. Kommissionsprotokolle und Entwürfe. Band 1: 1869 (2002); Band 2: 1870 (2004)

11 *Lars Bernhard:* Falsche Verdächtigung (§§ 164, 165 StGB) und Vortäuschen einer Straftat (§ 145d StGB), (2003)

12 *Frank Korn:* Körperverletzungsdelikte – §§ 223 ff., 340 StGB. Reformdiskussion und Gesetzgebung von 1870 bis 1933 (2003)

13 *Christian Gröning:* Körperverletzungsdelikte – §§ 223 ff., 340 StGB. Reformdiskussion und Gesetzgebung seit 1933 (2004)

14 *Sabine Putzke:* Die Strafbarkeit der Abtreibung in der Kaiserzeit und in der Weimarer Zeit. Eine Analyse der Reformdiskussion und der Straftatbestände in den Reformentwürfen (1908–1931), (2003)

15 *Eckard Voßiek:* Strafbare Veröffentlichung amtlicher Schriftstücke (§ 353d Nr. 3 StGB). Gesetzgebung und Rechtsanwendung seit 1851 (2004)

16 *Stefan Lindenberg:* Brandstiftungsdelikte – §§ 306 ff. StGB. Reformdiskussion und Gesetzgebung seit 1870 (2004)

17 *Ninette Barreneche †:* Materialien zu einer Strafrechtsgeschichte der Münchener Räterepublik 1918/1919 (2004)

18 *Carsten Thiel:* Rechtsbeugung – § 339 StGB. Reformdiskussion und Gesetzgebung seit 1870 (2005)

19 *Vera Große-Vehne:* Tötung auf Verlangen (§ 216 StGB), „Euthanasie“ und Sterbehilfe. Reformdiskussion und Gesetzgebung seit 1870 (2005)

20 *Thomas Vormbaum / Kathrin Rentrop (Hrsg.):* Reform des Strafgesetzbuchs. Sammlung der Reformentwürfe. Band 1: 1909 bis 1919. Band 2: 1922 bis 1939. Band 3: 1959 bis 1996 (2008)

21 *Dietmar Prechtel:* Urkundendelikte (§§ 267 ff. StGB). Reformdiskussion und Gesetzgebung seit 1870 (2005)

22 *Ilya Hartmann:* Prostitution, Kuppelei, Zuhälterei. Reformdiskussion und Gesetzgebung seit 1870 (2006)

23 *Ralf Seemann:* Strafbare Vereitelung von Gläubigerrechten (§§ 283 ff., 288 StGB). Reformdiskussion und Gesetzgebung seit 1870 (2006)
24 *Andrea Hartmann:* Majestätsbeleidigung (§§ 94 ff. StGB a.F.) und Verunglimpfung des Staatsoberhauptes (§ 90 StGB). Reformdiskussion und Gesetzgebung seit dem 19. Jahrhundert (2006)
25 *Christina Rampf:* Hausfriedensbruch (§ 123 StGB). Reformdiskussion und Gesetzgebung seit 1870 (2006)
26 *Christian Schäfer:* „Widernatürliche Unzucht" (§§ 175, 175a, 175b, 182, a.F. StGB). Reformdiskussion und Gesetzgebung seit 1945 (2006)
27 *Kathrin Rentrop:* Untreue und Unterschlagung (§§ 266 und 246 StGB). Reformdiskussion und Gesetzgebung seit dem 19. Jahrhundert (2007)
28 *Martin Asholt:* Straßenverkehrsstrafrecht. Reformdiskussion und Gesetzgebung seit dem Ausgang des 19. Jahrhunderts (2007)
29 *Katharina Linka:* Mord und Totschlag (§§ 211–213 StGB). Reformdiskussion und Gesetzgebung seit 1870 (2008)
30 *Juliane Sophia Dettmar:* Legalität und Opportunität im Strafprozess. Reformdiskussion und Gesetzgebung von 1877 bis 1933 (2008)
31 *Jürgen Durynek:* Korruptionsdelikte (§§ 331 ff. StGB). Reformdiskussion und Gesetzgebung seit dem 19. Jahrhundert (2008)
32 *Judith Weber:* Das sächsische Strafrecht im 19. Jahrhundert bis zum Reichsstrafgesetzbuch (2009)
33 *Denis Matthies:* Exemplifikationen und Regelbeispiele. Eine Untersuchung zum 100-jährigen Beitrag von Adolf Wach zur „Legislativen Technik" (2009)
34 *Benedikt Rohrßen:* Von der „Anreizung zum Klassenkampf" zur „Volksverhetzung" (§ 130 StGB). Reformdiskussion und Gesetzgebung seit dem 19. Jahrhundert (2009)
35 *Friederike Goltsche:* Der Entwurf eines Allgemeinen Deutschen Strafgesetzbuches von 1922 (Entwurf Radbruch) (2010)
36 *Tarig Elobied:* Die Entwicklung des Strafbefehlsverfahrens von 1846 bis in die Gegenwart (2010)
37 *Christina Müting:* Sexuelle Nötigung; Vergewaltigung (§ 177 StGB) (2010)
38 *Nadeschda Wilkitzki:* Entstehung des Gesetzes über Internationale Rechtshilfe in Strafsachen (IRG) (2010)
39 *André Brambring:* Kindestötung (§ 217 a.F. StGB). Reformdiskussion und Gesetzgebung seit 1870 (2010)
40 *Wilhelm Rettler:* Der strafrechtliche Schutz des sozialistischen Eigentums in der DDR (2010)
41 *Yvonne Hötzel:* Debatten um die Todesstrafe in der Bundesrepublik Deutschland von 1949 bis 1990 (2010)
42 *Dagmar Kolbe:* Strafbarkeit im Vorfeld und im Umfeld der Teilnahme (§§ 88a, 110, 111, 130a und 140 StGB). Reformdiskussion und Gesetzgebung seit dem 19. Jahrhundert (2011)
43 *Sami Bdeiwi:* Beischlaf zwischen Verwandten (§ 173 StGB). Reform und Gesetzgebung seit 1870 (2014)
44 *Michaela Arnold:* Verfall, Einziehung und Unbrauchbarmachung (§§ 73 bis 76a StGB). Reformdiskussion und Gesetzgebung seit dem 19. Jahrhundert (2015)
45 *Andrea Schurig:* „Republikflucht" (§§ 213, 214 StGB/DDR). Gesetzgeberische Entwicklung, Einfluss des MfS und Gerichtspraxis am Beispiel von Sachsen (2016)

46 *Sandra Knaudt:* Das Strafrecht im Großherzogtum Hessen im 19. Jahrhundert bis zum Reichsstrafgesetzbuch (2017)
47 *Michael Rudlof:* Das Gesetz zur Strafbarkeit der geschäftsmäßigen Förderung der Selbsttötung (§ 217 StGB nF.) (2018)

Abteilung 4: Leben und Werk. Biographien und Werkanalysen

1 *Mario A. Cattaneo:* Karl Grolmans strafrechtlicher Humanismus (1998)
2 *Gerit Thulfaut:* Kriminalpolitik und Strafrechtstheorie bei Edmund Mezger (2000)
3 *Adolf Laufs:* Persönlichkeit und Recht. Gesammelte Aufsätze (2001)
4 *Hanno Durth:* Der Kampf gegen das Unrecht. Gustav Radbruchs Theorie eines Kulturverfassungsrechts (2001)
5 *Volker Tausch:* Max Güde (1902–1984). Generalbundesanwalt und Rechtspolitiker (2002)
6 *Bernd Schmalhausen:* Josef Neuberger (1902–1977). Ein Leben für eine menschliche Justiz (2002)
7 *Wolf Christian von Arnswald:* Savigny als Strafrechtspraktiker. Ministerium für die Gesetzesrevision (1842–1848), (2003)
8 *Thilo Ramm:* Ferdinand Lassalle. Der Revolutionär und das Recht (2004)
9 *Martin D. Klein:* Demokratisches Denken bei Gustav Radbruch (2007)
10 *Francisco Muñoz Conde:* Edmund Mezger – Beiträge zu einem Juristenleben (2007)
11 *Whitney R. Harris:* Tyrannen vor Gericht. Das Verfahren gegen die deutschen Hauptkriegsverbrecher nach dem Zweiten Weltkrieg in Nürnberg 1945–1946 (2008)
12 *Eric Hilgendorf (Hrsg.):* Die deutschsprachige Strafrechtswissenschaft in Selbstdarstellungen (2010)
13 *Tamara Cipolla:* Friedrich Karl von Strombeck. Leben und Werk – Unter besonderer Berücksichtigung des Entwurfes eines Strafgesetzbuches für ein Norddeutsches Staatsgebiet (2010)
14 *Karoline Peters:* J. D. H. Temme und das preußische Strafverfahren in der Mitte des 19. Jahrhunderts (2010)
15 *Eric Hilgendorf (Hrsg.):* Die ausländische Strafrechtswissenschaft in Selbstdarstellungen. Die internationale Rezeption des deutschen Strafrechts (2016)
16 *Hannes Ludyga:* Otto Kahn-Freund (1900–1979). Ein Arbeitsrechtler in der Weimarer Zeit (2016)

Abteilung 5: Juristisches Zeitgeschehen. Rechtspolitik und Justiz aus zeitgenössischer Perspektive

Mitherausgegeben von Gisela Friedrichsen („Der Spiegel")
und RA Prof. Dr. Franz Salditt

1 *Diether Posser:* Anwalt im Kalten Krieg. Ein Stück deutscher Geschichte in politischen Prozessen 1951–1968. 3. Auflage (1999)
2 *Jörg Arnold (Hrsg.):* Strafrechtliche Auseinandersetzung mit Systemvergangenheit am Beispiel der DDR (2000)

3 *Thomas Vormbaum (Hrsg.):* Vichy vor Gericht: Der Papon-Prozeß (2000)
4 *Heiko Ahlbrecht / Kai Ambos (Hrsg.):* Der Fall Pinochet(s). Auslieferung wegen staatsverstärkter Kriminalität? (1999)
5 *Oliver Franz:* Ausgehverbot für Jugendliche („Juvenile Curfew") in den USA. Reformdiskussion und Gesetzgebung seit dem 19. Jahrhundert (2000)
6 *Gabriele Zwiehoff (Hrsg.):* „Großer Lauschangriff". Die Entstehung des Gesetzes zur Änderung des Grundgesetzes vom 26. März 1998 und des Gesetzes zur Änderung der Strafprozeßordnung vom 4. Mai 1998 in der Presseberichterstattung 1997/98 (2000)
7 *Mario A. Cattaneo:* Strafrechtstotalitarismus. Terrorismus und Willkür (2001)
8 *Gisela Friedrichsen / Gerhard Mauz:* Er oder sie? Der Strafprozeß Böttcher/ Weimar. Prozeßberichte 1987 bis 1999 (2001)
9 *Heribert Prantl / Thomas Vormbaum (Hrsg.):* Juristisches Zeitgeschehen 2000 in der Süddeutschen Zeitung (2001)
10 *Helmut Kreicker:* Art. 7 EMRK und die Gewalttaten an der deutsch-deutschen Grenze (2002)
11 *Heribert Prantl / Thomas Vormbaum (Hrsg.):* Juristisches Zeitgeschehen 2001 in der Süddeutschen Zeitung (2002)
12 *Henning Floto:* Der Rechtsstatus des Johanniterordens. Eine rechtsgeschichtliche und rechtsdogmatische Untersuchung zum Rechtsstatus der Balley Brandenburg des ritterlichen Ordens St. Johannis vom Spital zu Jerusalem (2003)
13 *Heribert Prantl / Thomas Vormbaum (Hrsg.):* Juristisches Zeitgeschehen 2002 in der Süddeutschen Zeitung (2003)
14 *Kai Ambos / Jörg Arnold (Hrsg.):* Der Irak-Krieg und das Völkerrecht (2004)
15 *Heribert Prantl / Thomas Vormbaum (Hrsg.)*: Juristisches Zeitgeschehen 2003 in der Süddeutschen Zeitung (2004)
16 *Sascha Rolf Lüder:* Völkerrechtliche Verantwortlichkeit bei Teilnahme an „Peace-keeping"-Missionen der Vereinten Nationen (2004)
17 *Heribert Prantl / Thomas Vormbaum (Hrsg.)*: Juristisches Zeitgeschehen 2004 in der Süddeutschen Zeitung (2005)
18 *Christian Haumann:* Die „gewichtende Arbeitsweise" der Finanzverwaltung. Eine Untersuchung über die Aufgabenerfüllung der Finanzverwaltung bei der Festsetzung der Veranlagungssteuern (2008)
19 *Asmerom Ogbamichael:* Das neue deutsche Geldwäscherecht (2011)
20 *Lars Chr. Barnewitz:* Die Entschädigung der Freimaurerlogen nach 1945 und nach 1989 (2011)
21 *Ralf Gnüchtel:* Jugendschutztatbestände im 13. Abschnitt des StGB (2013)
22 *Helmut Irmen:* Stasi und DDR-Militärjustiz. Der Einfluss des MfS auf Militärjustiz und Militärstrafvollzug in der DDR (2014)
24 *Zekai Dağaşan:* Das Ansehen des Staates im türkischen und deutschen Strafrecht (2015)
25 *Camilla Bertheau:* Politisch unwürdig? Entschädigung von Kommunisten für nationalsozialistische Gewaltmaßnahmen. Bundesdeutsche Gesetzgebung und Rechtsprechung der 50er Jahre (2016)

Abteilung 6: Recht in der Kunst

Mitherausgegeben von Prof. Dr. Gunter Reiß

1 *Heinz Müller-Dietz:* Recht und Kriminalität im literarischen Widerschein. Gesammelte Aufsätze (1999)
2 *Klaus Lüderssen (Hrsg.):* »Die wahre Liberalität ist Anerkennung«. Goethe und die Juris prudenz (1999)
3 *Bertolt Brecht:* Die Dreigroschenoper (1928) / Dreigroschenroman (1934). Mit Kommentaren von Iring Fetscher und Bodo Plachta (2001)
4 *Annette von Droste-Hülshoff:* Die Judenbuche (1842) / Die Vergeltung (1841). Mit Kommentaren von Heinz Holzhauer und Winfried Woesler (2000)
5 *Theodor Fontane:* Unterm Birnbaum (1885). Mit Kommentaren von Hugo Aust und Klaus Lüderssen (2001)
6 *Heinrich von Kleist:* Michael Kohlhaas (1810). Mit Kommentaren von Wolfgang Naucke und Joachim Linder (2000)
7 *Anja Sya:* Literatur und juristisches Erkenntnisinteresse. Joachim Maass' Roman „Der Fall Gouffé" und sein Verhältnis zu der historischen Vorlage (2001)
8 *Heiner Mückenberger:* Theodor Storm – Dichter und Richter. Eine rechtsgeschichtliche Lebensbeschreibung (2001)
9 *Hermann Weber (Hrsg.):* Annäherung an das Thema „Recht und Literatur". Recht, Literatur und Kunst in der NJW (1), (2002)
10 *Hermann Weber (Hrsg.):* Juristen als Dichter. Recht, Literatur und Kunst in der NJW (2), (2002)
11 *Hermann Weber (Hrsg.):* Prozesse und Rechtsstreitigkeiten um Recht, Literatur und Kunst. Recht, Literatur und Kunst in der NJW (3), (2002)
12 *Klaus Lüderssen:* Produktive Spiegelungen. 2., erweiterte Auflage (2002)
13 *Lion Feuchtwanger:* Erfolg. Drei Jahre Geschichte einer Provinz. Roman (1929). Mit Kommentaren von Theo Rasehorn und Ernst Ribbat (2002)
14 *Jakob Wassermann:* Der Fall Maurizius. Roman (1928). Mit Kommentaren von Thomas Vormbaum und Regina Schäfer (2003)
15 *Hermann Weber (Hrsg.):* Recht, Staat und Politik im Bild der Dichtung. Recht, Literatur und Kunst in der Neuen Juristischen Wochenschrift (4), (2003)
16 *Hermann Weber (Hrsg.):* Reale und fiktive Kriminalfälle als Gegenstand der Literatur. Recht, Literatur und Kunst in der Neuen Juristischen Wochenschrift (5), (2003)
17 *Karl Kraus:* Sittlichkeit und Kriminalität. (1908). Mit Kommentaren von Helmut Arntzen und Heinz Müller-Dietz (2004)
18 *Hermann Weber (Hrsg.):* Dichter als Juristen. Recht, Literatur und Kunst in der Neuen Juristischen Wochenschrift (6), (2004)
19 *Hermann Weber (Hrsg.):* Recht und Juristen im Bild der Literatur. Recht, Literatur und Kunst in der Neuen Juristischen Wochenschrift (7), (2005)
20 *Heinrich von Kleist:* Der zerbrochne Krug. Ein Lustspiel (1811). Mit Kommentaren von Michael Walter und Regina Schäfer (2005)
21 *Francisco Muñoz Conde / Marta Muñoz Aunión:* „Das Urteil von Nürnberg". Juristischer und filmwissenschaftlicher Kommentar zum Film von Stanley Kramer (1961), (2006)

22 *Fjodor Dostojewski:* Aufzeichnungen aus einem Totenhaus (1860). Mit Kommentaren von Heinz Müller-Dietz und Dunja Brötz (2005)

23 *Thomas Vormbaum (Hrsg.):* Anton Matthias Sprickmann. Dichter und Jurist. Mit Kommentaren von Walter Gödden, Jörg Löffler und Thomas Vormbaum (2006)

24 *Friedrich Schiller:* Verbrecher aus Infamie (1786). Mit Kommentaren von Heinz Müller-Dietz und Martin Huber (2006)

25 *Franz Kafka:* Der Proceß. Roman (1925). Mit Kommentaren von Detlef Kremer und Jörg Tenckhoff (2006)

26 *Heinrich Heine:* Deutschland. Ein Wintermährchen. Geschrieben im Januar 1844. Mit Kommentaren von Winfried Woesler und Thomas Vormbaum (2006)

27 *Thomas Vormbaum (Hrsg.):* Recht, Rechtswissenschaft und Juristen im Werk Heinrich Heines (2006)

28 *Heinz Müller-Dietz:* Recht und Kriminalität in literarischen Spiegelungen (2007)

29 *Alexander Puschkin:* Pique Dame (1834). Mit Kommentaren von Barbara Aufschnaiter/Dunja Brötz und Friedrich-Christian Schroeder (2007)

30 *Georg Büchner:* Danton's Tod. Dramatische Bilder aus Frankreichs Schreckensherrschaft. Mit Kommentaren von Sven Kramer und Bodo Pieroth (2007)

31 *Daniel Halft:* Die Szene wird zum Tribunal! Eine Studie zu den Beziehungen von Recht und Literatur am Beispiel des Schauspiels „Cyankali" von Friedrich Wolf (2007)

32 *Erich Wulffen:* Kriminalpsychologie und Psychopathologie in Schillers Räubern (1907). Herausgegeben von Jürgen Seul (2007)

33 *Klaus Lüderssen:* Produktive Spiegelungen: Recht in Literatur, Theater und Film. Band II (2007)

34 *Albert Camus:* Der Fall. Roman (1956). Mit Kommentaren von Brigitte Sändig und Sven Grotendiek (2008)

35 *Thomas Vormbaum (Hrsg.):* Pest, Folter und Schandsäule. Der Mailänder Prozess wegen „Pestschmierereien" in Rechtskritik und Literatur. Mit Kommentaren von Ezequiel Malarino und Helmut C. Jacobs (2008)

36 *E.T.A. Hoffmann:* Das Fräulein von Scuderi – Erzählung aus dem Zeitalter Ludwigs des Vierzehnten (1819). Mit Kommentaren von Heinz Müller-Dietz und Marion Bönnighausen (2010)

37 *Leonardo Sciascia:* Der Tag der Eule. Mit Kommentaren von Gisela Schlüter und Daniele Negri (2010)

38 *Franz Werfel:* Eine blaßblaue Frauenschrift. Novelle (1941). Mit Kommentaren von Matthias Pape und Wilhelm Brauneder (2011)

39 *Thomas Mann:* Das Gesetz. Novelle (1944). Mit Kommentaren von Volker Ladenthin und Thomas Vormbaum (2013)

40 *Theodor Storm:* Ein Doppelgänger. Novelle (1886) (2013)

41 *Dorothea Peters:* Der Kriminalrechtsfall ‚Kaspar Hauser' und seine Rezeption in Jakob Wassermanns Caspar-Hauser-Roman (2014)

42 *Jörg Schönert:* Kriminalität erzählen (2015)

43 *Klaus Lüderssen:* Produktive Spiegelungen. Recht im künstlerischen Kontext. Band 3 (2014)

44 *Franz Kafka:* In der Strafkolonie. Erzählung (1919) (2015)

45 *Heinz Müller-Dietz:* Recht und Kriminalität in literarischen Brechungen (2016)

46 *Hermann Weber (Hrsg.):* Das Recht als Rahmen für Literatur und Kunst. Tagung im Nordkolleg Rendsburg vom 4. bis 6. September 2015 (2017)
47 *Walter Müller-Seidel:* Rechtsdenken im literarischen Text. Deutsche Literatur von der Weimarer Klassik zur Weimarer Republik (2017)
48 *Honoré de Balzac:* Eine dunkle Geschichte (2018)
49 *Anja Schiemann:* Der Kriminalfall Woyzeck. Der historische Fall und Büchners Drama (2018)
50 *E. T. A. Hoffmann:* Meister Floh. Ein Mährchen in sieben Abentheuern zweier Freunde (2018)

Abteilung 7: Beiträge zur Anwaltsgeschichte

Mitherausgegeben von Gerhard Jungfer, Dr. Tilmann Krach
und Prof. Dr. Hinrich Rüping

1 *Babette Tondorf:* Strafverteidigung in der Frühphase des reformierten Strafprozesses. Das Hochverratsverfahren gegen die badischen Aufständischen Gustav Struve und Karl Blind (1848/49), (2006)
2 *Hinrich Rüping:* Rechtsanwälte im Bezirk Celle während des Nationalsozialismus (2007)

Abteilung 8: Judaica

1 *Hannes Ludyga:* Philipp Auerbach (1906–1952). „Staatskommissar für rassisch, religiös und politisch Verfolgte“ (2005)
2 *Thomas Vormbaum:* Der Judeneid im 19. Jahrhundert, vornehmlich in Preußen. Ein Beitrag zur juristischen Zeitgeschichte (2006)
3 *Hannes Ludyga:* Die Rechtsstellung der Juden in Bayern von 1819 bis 1918. Studie im Spiegel der Verhandlungen der Kammer der Abgeordneten des bayerischen Landtags (2007)
4 *Michele Sarfatti:* Die Juden im faschistischen Italien. Geschichte, Identität, Verfolgung (2014)